Ein Backbuch von Gabi Wolpensinger

für den Thermomix TM31

Lektorat und Redaktion: Michaela Keller
Verlag: Versand- und Verlagsbuchhandlung Michaela Keller, Im Gaiern 10, 71287 Weissach-Flacht

Internet: http://**www.tm-kochbuch.de**
E-mail: info@keller-versandbuchhandlung.de

Satz, Layout und Druck:
Versand- und Verlagsbuchhandlung Michaela Keller
Bildmaterial auf dem Umschlag: © Gabi Wolpensinger
Bildnachweis Innenseiten: Alle kleinen Icons auf den Innenseiten © Erhan Ergin - Fotolia.com
Alle Rezeptbilder © Gabi Wolpensinger.

ISBN 978-3-942777-09-4
1. Auflage November 2012

Impressum

Hinweis:
Die vorliegenden Rezepte können mit der Küchenmaschine Thermomix TM 31 zubereitet werden.
Alle in diesem Buch enthaltenen Angaben, Daten, Ergebnisse etc. wurden von der Autorin nach bestem Wissen erstellt und von ihr und dem Verlag mit größtmöglicher Sorgfalt überprüft. Eine Verantwortung und Haftung für etwaige inhaltliche Unrichtigkeiten kann jedoch nicht übernommen werden. Der Haftungsausschluss gilt nicht, soweit nach dem Produkthaftungsgesetz für Personen- und Sachschäden gehaftet wird. Jeder Leser muss beim Umgang mit den genannten Stoffen, Materialien, Geräten usw. Vorsicht walten lassen, Gebrauchsanweisungen und Herstellerhinweise beachten sowie den Zugang für Unbefugte verhindern

Inhalt

Tipps und Infos:

- **Selbstgemachter Vanillezucker:** Die ausgekratzten Vanilleschoten lege ich immer in eine verschließbare Schüssel mit Zucker. Dieser nimmt das Aroma an. Ich verwende es anstatt Vanillezucker aus der Tüte.

- **Klebt Teig** nach dem Umfüllen am Messer, den Mixtopf nochmals einsetzen und 2 Sekunden / Stufe 7 hochdrehen. Der Teig wird dadurch an die Mixtopfwand geschleudert und kann mit dem Spatel besser entnommen werden.

- Die **Backofentemperaturen** können von Ofen zu Ofen etwas variieren. Bitte auf die eigenen Erfahrungen achten! Bessere Backergebnisse erhalten Sie immer mit Ober-/Unterhitze statt mit Umluft.

- Bei **Weizenallergie** kann man das Weizenmehl Type 405 gegen Dinkelmehl Type 630 und Weizenmehl Type 1050 gegen Dinkelmehl Type 1050 austauschen.

- **Rührteige** dürfen nicht zu lange gerührt werden. Die angegebenen Zeitangaben unbedingt einhalten, sonst wird der Teig „überrührt" und der Kuchen nach dem Backen „speckig"!

- Alle **Zutaten für einen Mürbteig** sollten kalt sein. Mürbteige nicht zu lange rühren. Ansonsten wird die Butter warm und dadurch der Teig zu feucht! Der Teig soll krümelig sein, wenn er auf die Arbeitsmatte umgefüllt wird. Von Hand kurz zusammenkneten, eine Kugel formen und in Frischhaltefolie eingepackt 1 Stunde kalt stellen. Erst dann weiterverarbeiten.

- **Schweineschmalz** macht den Hefeteig glänzender und geschmeidiger.

- **Abstauben:** Wenn Hefeteig oder Sauerteig nach dem Kneten noch klebt, dann mit dem Spatel am Rand des Topfes den Teig lösen und 1-3 EL Mehl über den Teig geben. Nach Möglichkeit das Mehl an den Topfrand geben. Den TM etwas festhalten und 10 Sekunden / Stufe 7 hochdrehen. Das Mehl wird dann schnell untergearbeitet und der Teig sollte nun nicht mehr kleben. Machen Sie eine Fingerprobe! Mit dem Finger auf den Teig fassen, wenn kein Teig mehr daran hängen bleibt, ist er OK.

- **Bei Teigen mit Backpulver:** das Mehl in den Mixtopf abwiegen, das Backpulver zugeben und mit dem Spatel mit dem Mehl vermischen. Nie direkt Flüssigkeit auf das Backpulver geben.

- Bei **Hefeteigen** lauwarmes Wasser (25°-28°C) verwenden. Die Hefe immer in die Flüssigkeit geben.

- Falls beim **Brotbacken** der Laib zu groß ausfallen würde, backen Sie den restlichen Teig in einer Mini-Kastenform als Brötchen ab.

Die besten Ergebnisse beim Brot backen erhält man, wenn ....

- der Teig lange genug geknetet wird : mindestens 4 Minuten!
- man dem Teig Zeit lässt, damit er aufgehen kann: optimal ist, wenn sich das Volumen verdoppelt hat!
- das Salz beim Einfüllen nicht direkt mit der Hefe in Berührung kommt!
- man den Teig nach dem Aufgehen nochmals knetet!
- man zusätzlich Backmalz verwendet. Siehe Rezept „Dinkelbackmalz selber machen“ auf Seite 30.
- Backmalz kann man auch aus Roggen, Nacktgerste oder Weizen herstellen.
- man den Hefeteig in den vorgeheizten Backofen schiebt, so dass sich die Poren schnell schließen können und das Brot nicht so schnell austrocknet.
- man einen Backstein verwendet, dann werden Brot/Brötchen knuspriger. Nur muss man darauf achten, dass er immer auf der untersten Schiene eingeschoben werden sollte.
- man die Hefemenge reduziert! 5 g Hefe reichen für ein Brot aus. Die Gärzeit verlängert sich, der Teig benötigt einige Stunden um sich zu verdoppeln. Dafür erhalten Sie ein deutlich schmackhafteres Brot.

Von uns verwendete Küchenhelfer:

Gärkörbchen

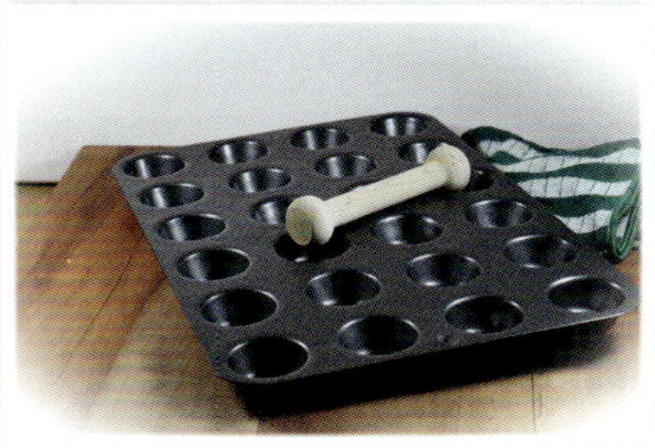
Mini-Kastenform

Springform-Einleger

Kastenform-Einleger

Silikon-Arbeitsmatte

Gärtuch

Brötchenstempel

Pizzastein

Malzbierbrot

Den Backofen auf 225°C Ober- /Unterhitze vorheizen.

550 g Dinkelmehl, Type 1050
100 g Roggenmehl Type 1150
2 gehäufte TL Salz
400 g Malzbier
100 g Haferflocken
1 Würfel Hefe

Alle Zutaten in den Mixtopf geben und **4 Minuten / Knetstufe** kneten. Teig zugedeckt ½ Stunde gehen lassen.

Nochmals **40 Sekunden / Knetstufe** kneten. Ein Gärkörbchen leicht mit Mehl und Haferflocken ausstreuen (Bild). Aus dem Teig einen Laib formen und hineinlegen. Nochmals mit einem Geschirrtuch zugedeckt ½ Stunde gehen lassen.

Den aufgegangenen Laib aus dem Gärkörbchen auf ein mit Backfolie belegtes Blech stürzen.

In den vorgeheizten Backofen geben. Mit Ober-/Unterhitze bei 225°C ca. 45 Minuten backen.

Info:

Das Gärkörbchen wird nur zum Gehenlassen verwendet. Der Laib bekommt beim Gehen eine schöne Form. Vor dem Backen wird der Laib aus dem Körbchen auf ein Backblech gestürzt.

Nährwerte je 100 g: 243,34 kcal • 1019,73 KJ • 7,51 g Eiweiß • 1,66 g Fett
48,23 g KH • 4,65 g Ballaststoffe • 4,02 BE

Kartoffelkastenbrot

Den Backofen auf 225°C Ober-/Unterhitze vorheizen.

200 g Dinkelkörner	in den Mixtopf geben. **40 Sekunden / Stufe 10** zerkleinern.
300 g Kartoffeln, mit Schale	waschen, in Stücken zugeben. **4 Sekunden / Stufe 5** zerkleinern.
300 g Dinkelmehl Type 1050 ½ Würfel Hefe 210 g lauwarmes Wasser 2 gestr. TL Salz	Restliche Zutaten in den Mixtopf geben und **4 Minuten / Knetstufe** kneten. 20 Minuten gehen lassen und nochmals **40 Sekunden / Knetstufe** kneten. In eine ausgefettete Kastenform füllen.

Im vorgeheizten Backofen bei 225°C Ober-/Unterhitze ca. 50 Minuten backen.

Nährwerte je 100 g: 195,69 kcal • 819,86 KJ • 6,03 g Eiweiß • 1,03 g Fett • 39,78 g KH • 1,74 g Ballaststoffe • 3,32 BE

Körnerbrot

100 g 6-Korn-Mischung

in den Mixtopf geben und **40 Sekunden / Stufe 10** zerkleinern.

450 g Weizenmehl Type 1050
½ Würfel Hefe
250 g lauwarmes Wasser
2 gestr. TL Salz
1 TL Backmalz
insgesamt 60 g Sesam, Leinsamen, Sonnenblumenkerne
150 g Naturjoghurt

Restliche Zutaten zugeben und **5 Minuten / Knetstufe** kneten. Im Mixtopf 20 Minuten gehen lassen. Abstauben (siehe Tipps im Vorwort).

Nochmals **40 Sekunden / Knetstufe** kneten. Den Teig in eine gefettete Kastenform füllen.

Den Backofen auf 250°C Ober-/Unterhitze vorheizen. Den Teig solange in der Kastenform nochmals gehen lassen.

15 Minuten bei 250°C backen, danach auf 180°C herunterschalten und weitere 35 Minuten backen.

Nährwerte je 100 g: 219,81 kcal • 919,43 KJ • 7,57 g Eiweiß • 3,68 g Fett
38,42 g KH • 4,25 g Ballaststoffe • 3,20 BE

Sonnenblumenbrot

Den Backofen auf 220°C Ober-/Unterhitze vorheizen.

100 g Dinkelkörner

im Mixtopf **40 Sekunden / Stufe 10** zerkleinern.

500 g Weizenmehl Type 1050
100 g Sonnenblumenkerne
½ Würfel Hefe
260 g lauwarmes Wasser
80 g Milch
2 geh. TL Salz

Restliche Zutaten in den Mixtopf geben und **4 Minuten / Knetstufe** kneten. Den Teig 20 Minuten zugedeckt gehen lassen und dann nochmals **40 Sekunden / Knetstufe** kneten.

Den Teig herausnehmen und auf einer Arbeitsmatte zwei Laibe formen.

Im vorgeheizten Backofen bei 220°C Ober-/Unterhitze ca. 25 Minuten backen.

Nährwerte je 100 g: 252,72 kcal • 1058,29 KJ • 9,21 g Eiweiß • 5,93 g Fett • 40,13 g KH • 4,00 g Ballaststoffe • 3,34 BE

Knuspriges Bauernbrot

620 g Dinkelmehl Type 1050
½ Würfel Hefe
80 g Roggenmehl Type 1150
2 TL Salz
2 TL Backmalz
280 g lauwarmes Wasser
100 g Vollmilch

Alle Zutaten in den Mixtopf abwiegen (Bild) und **4 Minuten /Knetstufe** kneten. Im Mixtopf 1 Stunde zugedeckt gehen lassen (Bild). Nochmals **50 Sekunden / Knetstufe** kneten.

Den Backofen auf 225°C Ober-/Unterhitze vorheizen.

Den Teig auf eine Silikon-Arbeitsmatte umfüllen. Zu einem Laib formen, auf ein mit Backfolie ausgelegtes Blech oder einen Backstein (Pizzastein) legen und nochmals mit einem Gärtuch zugedeckt 15 Minuten gehen lassen (Bild). Laib einschneiden (Bild).

Auf den Backofenboden eine feuerfeste Schüssel mit Wasser stellen.

Im vorgeheizten Backofen bei 225°C Ober-/Unterhitze ca. 50 Minuten backen. Noch heiß mit Wasser einpinseln. Das Brot bekommt so einen schönen Glanz.

Nährwerte je 100 g: 226,56 kcal • 949,66 KJ • 6,93 g Eiweiß • 1,55 g Fett
44,54 g KH • 4,33 g Ballaststoffe • 3,80 BE

Sonnenbrot

Den Backofen auf 240°C Ober-/Unterhitze vorheizen.

150 g Saatkornmischung
1 Pck. Sauerteig (trocken oder flüssig)
370 g Wasser
2 geh. TL Salz
380 g Dinkelmehl Type 1050
150 g Roggenmehl Type 1150
1 TL Backmalz
½ Würfel Hefe

Alle Zutaten in den Mixtopf geben und **4 Minuten / Knetstufe** kneten. ½ Stunde im Mixtopf gehen lassen.

Nochmals **40 Sekunden / Knetstufe** kneten. Den Teig auf eine Arbeitsmatte geben. Einen runden Brotlaib formen und nochmals zugedeckt (Gärtuch) 20 Minuten gehen lassen.

Im vorgeheizten Backofen bei 240°C Ober-/Unterhitze ca. 45 Minuten backen.

Brot

Nährwerte je 100 g: 217,22 kcal • 910,20 kJ • 8,38 g Eiweiß • 4,92 g Fett
34,60 g KH • 7,99 g Ballaststoffe • 2,88 BE

Baguette mit Maismehl

470 g Dinkelmehl Type 630
2 TL Salz
200 g Maismehl
½ Würfel Hefe
180 g lauwarmes Wasser
200 g Milch
10 g Honig
60 g Butter, in Stücken

Alle Zutaten in den Mixtopf geben und **4 Minuten / Knetstufe** kneten. ½ Stunde zugedeckt gehen lassen und nochmals **40 Sekunden / Knetstufe** kneten.

Den Teig herausnehmen, die Teigmenge halbieren, aus der einen Hälfte 1 Stange formen und mit der Schere einschneiden.

Aus dem zweiten Teigling ein Rechteck auswellen und mit der Füllung bestreichen:

Füllung:

100 g Gouda, mittelalt

in Stücken in den Mixtopf geben und **5 Sekunden / Stufe 6** zerkleinern.

70 g Schinken
20 g Tomatenmark
30 g eingel. getr. Tomaten
50 g Röstzwiebeln + 5 g Schnittlauch

Restliche Zutaten zugeben und **5 Sekunden / Stufe 4-5** vermischen. Auf die Teigplatte streichen.

Die Platte aufrollen, halbieren und die Rollen miteinander verdrehen.

Die Oberfläche mit Wasser bestreichen und bei 225°C Ober-/Unterhitze ca. 25-30 Minuten backen.

Info:

Im Maismehl ist kein Klebereiweiß, deswegen ist er für Brot- und Pfannkuchenteig oder Tortillas gut geeignet.

Nährwerte je 100 g: 266,61 kcal • 1116,34 KJ • 8,56 g Eiweiß • 9,05 g Fett • 37,20 g KH • 2,93 g Ballaststoffe • 2,96 BE

Dinkeltoastbrot

Den Backofen auf 175°C Ober-/Unterhitze vorheizen.

80 g Dinkelkörner — in den Mixtopf geben. **40 Sekunden / Stufe 10** zerkleinern.

250 g Buttermilch — zugeben. **2 ½ Minute / 37°C / Stufe 1** erwärmen.

½ Würfel Hefe
10 g Honig
400 g Dinkelmehl Type 1050
2 gestr. TL Salz

Restliche Zutaten zugeben. **4 Minuten / Knetstufe** kneten. Zugedeckt ½ Stunde gehen lassen. Nochmals **40 Sekunden / Knetstufe** kneten.

Den Teig in eine gefettete Kastenform füllen. Nochmals zugedeckt ½ Stunde gehen lassen.

In den vorgeheizten Ofen schieben und bei 175°C Ober-/Unterhitze ca. 45 Minuten backen.

Nährwerte je 100 g: 237,65 kcal • 995,84 KJ • 8,02 g Eiweiß • 1,45 g Fett • 47,22 g KH • 4,31 g Ballaststoffe • 3,93 BE

Cancel
Reheat
Defrost

Dreifarben-Zopf

30 g Hefe
280 g lauwarmes Wasser
600 g Weizenmehl Type 1050
2 gestr. TL Salz
10 g Honig

Alle Zutaten für den Teig in den Mixtopf geben und **4 Minuten / Knetstufe** kneten. Zugedeckt 20 Minuten gehen lassen. Nochmals **40 Sekunden / Knetstufe** kneten.

Den Teig in drei gleichen Stücke teilen.

60 g Möhren
1 Handvoll Kräuter
20 g eingelegte getr. Tomaten

in den Mixtopf geben und **5 Sekunden / Stufe 5** vermischen.

⅓ vom Teig

zugeben und **1 Minute / Knetstufe** vermischen.

1 EL Weizenmehl Type 1050

zugeben und **5 Sekunden / Stufe 6** abstauben. Zu einer Stange formen.

⅓ vom Teig
50 g Mohn

in den Mixtopf geben und **1 Minute / Knetstufe** vermengen. Zu einer Stange formen.

Letztes Drittel vom Teig
50 g Sesam

in den Mixtopf geben und **1 Minute / Knetstufe** mischen. Zu einer Stange formen.

Den Backofen auf 200°C Ober-/Unterhitze vorheizen.

Jetzt alle drei Stangen zu einem Zopf flechten. Zugedeckt 20 Minuten gehen lassen.

Wasser, 1 EL Saatkornmischung

Den Zopf mit Wasser bestreichen und mit den Körnern bestreuen.

Im vorgeheizten Backofen ca. 30 Minuten bei 200°C Ober-/Unterhitze backen.

Nährwerte je 100 g: 239,27 kcal • 1001,54 KJ • 8,49 g Eiweiß • 5,64 g Fett • 38,09 g KH • 4,70 g Ballaststoffe • 3,15 BE

Ciabattas

<u>Vorteig:</u>

370 g Weizenmehl Type 550
5 g Hefe
250 g kaltes Wasser

Zutaten für den Vorteig in den Mixtopf geben und **4 Minuten / Knetstufe** kneten. Zugedeckt über Nacht gehen lassen.

Den Vorteig
400 g Weizenmehl Type 550
20 g Olivenöl
180 g lauwarmes Wasser
40 g Vollmilch
2 TL Salz
20 g Hefe

Den Vorteig mit den restlichen Zutaten in den Mixtopf geben und **4 Minuten / Knetstufe** kneten. Auf eine Silikonarbeitsmatte umfüllen. Mit dem Geschirrtuch oder Gärtuch abdecken.

Zugedeckt 1 Stunde gehen lassen. Den Teig halbieren und zu 2 Stangen formen (Teig ist klebrig!). Mit Mehl leicht bestäuben.

Den Backofen auf 220°C Ober-/Unterhitze vorheizen.

Während dieser Zeit den Teig nochmals gehen lassen.

Dann im vorgeheizten Backofen bei 220°C Ober-/Unterhitze 25 Minuten backen.

Das optimalste Backergebnis erhalten Sie auf einem bemehlten Pizzastein (im Shop erhältlich) und mit einer Schüssel Wasser im Ofen.

Nährwerte je 100 g: 226,29 kcal • 947,96 KJ • 8,72 g Eiweiß • 2,29 g Fett • 42,06 g KH • 4,14 g Ballaststoffe • 3,51 BE

Stangenbrot zum Fondue

100 g Vollmilch
260 g lauwarmes Wasser
50 g Butter
30 g Hefe
400 g Weizenmehl Type 550
400 g Weizenmehl Type 1050
2 TL Meersalz

Alle Zutaten in den Mixtopf geben und **4 Minuten / Knetstufe** kneten. 20 Minuten im Mixtopf gehen lassen und nochmals **40 Sekunden / Knetstufe** kneten.

Auf eine Silikon-Arbeitsmatte geben und zu zwei Stangen formen.

Inzwischen den Backofen auf 225°C Ober-/Unterhitze vorheizen.

Auf ein mit Backfolie ausgelegtes Blech legen und nochmals mit einem Gärtuch zugedeckt 15 Minuten gehen lassen.

Nach Belieben mit Eigelb bepinseln oder mit Mehl bestäuben.

Im vorgeheizten Backofen bei 225°C Ober-/Unterhitze ca. 30 Minuten backen.

Nährwerte je 100 g: 258,50 kcal • 1081,68 kJ • 8,03 g Eiweiß • 5,05 g Fett
44,58 g KH • 3,39 g Ballaststoffe • 3,72 BE

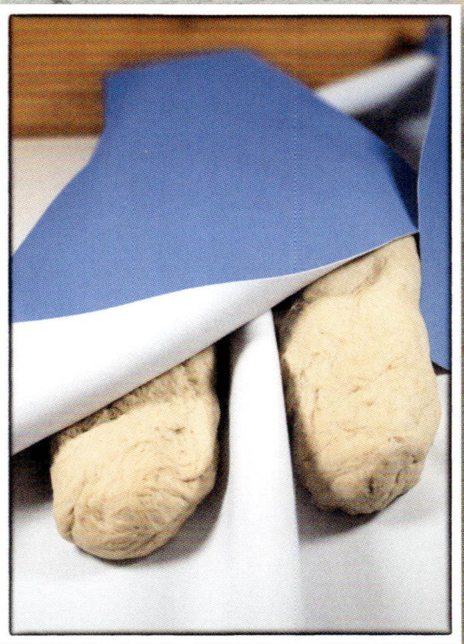

Dinkelbackmalz selber machen

300 g Dinkelkörner	12 Stunden in Wasser einweichen. Gut abtropfen lassen und abgedeckt in einem Sieb 12 Stunden stehen lassen. Gut durchspülen und wieder abgedeckt 12 Stunden ruhen lassen. Sind noch keine kleine Sprösschen zu sehen (Bild), werden die Körner noch einmal kräftig durchgespült und abgedeckt 12 Stunden beiseite gestellt. Wichtig! Das Korn darf nicht grün sprießen, dann sind die Keimlinge unbrauchbar für das Rösten. Die Körner dürfen nur kleine weisse „Hörner“ bekommen. Den Backofen auf 160°C Ober-/Unterhitze vorheizen. Die Körner auf einem Backblech verteilen und ca. 25 Minuten im leicht geöffneten Backofen ausdampfen lassen. Die Backofentür schließen und die Temperatur auf 100°C zurückstellen. Nun ca. 50 Minuten rösten. Probe! Wenn man auf das Korn beißt, soll es knacken! Ansonsten weitere 5–10 Minuten den Vorgang wiederholen. Die gerösteten Körner abkühlen lassen.
Kalte Körner	in den Mixtopf geben und **50 Sekunden / Stufe 10** zerkleinern. In einer Dose trocken aufbewahren.
Info:	1-2 Esslöffel Backmalz können zu allen Brötchenteigen zugegeben werden. Es beschleunigt die Gärung der Hefe und verbessert die Triebkraft und die Teigbeschaffenheit. Dies ist vor allem bei Hefeteigen für Kleingebäck wichtig.

Nährwerte je 100 g: 344,00 kcal • 1442,00 KJ • 9,65 g Eiweiß • 2,00 g Fett • 70,80 g KH • 6,00 g Ballaststoffe • 5,90 BE

Kartoffelbrötchen

Den Backofen auf 225°C Ober-/Unterhitze vorheizen.

2 Kartoffeln (ca. 200 g)

waschen und in Stücken mit Schale in den Mixtopf geben. **4 Sekunden / Stufe 5** zerkleinern.

150 g Roggenmehl Type 1150
600 g Weizenmehl Type 1050
1 Würfel Hefe
360 g lauwarmes Wasser
2 gestr. TL Salz
30 g Apfelessig

Restliche Zutaten in den Mixtopf wiegen und **4 Minuten / Knetstufe** kneten. Im Mixtopf 20 Minuten gehen lassen. Dann **50 Sekunden / Knetstufe** kneten.

Teig herausnehmen, auf einer Arbeitsmatte mit einer Handkarte oder dem eingeölten Spatel Teiglinge (ca. 12 Stück) abstechen und von Hand zu Brötchen rollen. Teiglinge in eine Minikastenform (quadratische Brötchen) oder auf ein mit Backfolie ausgelegtes Backblech setzen.

In vorgeheizten Backofen schieben und bei 225°C Ober-/Unterhitze ca. 25 Minuten backen. Für ein Kastenbrot beträgt die Backzeit ca. 50 Minuten.

Die Teigmenge ergibt ca. 12 Brötchen.

Nährwerte je 100 g: 197,55 kcal • 827,06 KJ • 7,11 g Eiweiß • 0,96 g Fett • 39,31 g KH • 4,13 g Ballaststoffe • 3,28 BE

Kräuterzöpfchen

Den Backofen auf 220°C Ober-/Unterhitze vorheizen.

10 g gemischte Kräuter, frisch

in Mixtopf geben und **5 Sekunden / Stufe 7** zerkleinern.

100 g Roggenmehl Type 1150
550 g Weizenmehl Type 1050
½ Würfel Hefe
310 g lauwarmes Wasser
100 g Naturjoghurt
2 geh. TL Salz

Restliche Zutaten in den Mixtopf geben und **4 Minuten / Knetstufe** kneten. 30 Minuten im Mixtopf gehen lassen.

Nochmals **40 Sekunden / Knetstufe** kneten. Auf eine Arbeitsmatte geben.

Teig vierteln und aus jedem Teigstück 3 Stränge auswellen. 4 feuerfeste Schälchen von außen einfetten (s. Bild).

Zöpfe flechten und zu einem Kranz formen. In die Mitte jeweils ein feuerfestes Schälchen stellen, damit die Mulde erhalten bleibt um einen Aufstrich darin anzurichten.

Im vorgeheizten Backofen bei 220°C Ober-/Unterhitze ca. 20 Minuten backen.

Nährwerte je 100 g: 207,63 kcal • 869,02 KJ • 7,38 g Eiweiß • 1,37 g Fett • 40,69 g KH • 3,84 g Ballaststoffe • 3,39 BE

Saatkornbrötchen

Den Backofen auf 200°C Ober-/Unterhitze vorheizen.

750 g Dinkelmehl Type 630
40 g Sonnenblumenöl
1 Würfel Hefe
10 g Salz
370 g lauwarmes Wasser
1 TL Zucker

Alle Zutaten für den Teig in den Mixtopf geben und **4 Minuten / Knetstufe** kneten. 30 Minuten im Mixtopf ruhen lassen. Nochmals **40 Sekunden / Knetstufe** kneten.

35 g schwere Teiglinge mit einer Teigkarte abstechen, Brötchen formen. Wie abgebildet oder als Sonne oder Rad mit etwas Abstand auf ein mit Backfolie belegtes Backblech setzen. Mit einem Gärtuch (oder Geschirrtuch) zugedeckt weitere 30 Minuten gehen lassen.

1 Ei und 1 EL Milch — in einer Tasse verquirlen und die Brötchen bestreichen.

Leinsamen, Mohn, Sesam — Die Brötchen mit den Körnern verzieren.

Bei 200°C Ober-/Unterhitze ca. 25 Minuten backen.

Nährwerte je 100 g: 253,72 kcal • 1063,32 KJ • 7,72 g Eiweiß • 5,67 g Fett • 42,47 g KH • 4,67 g Ballaststoffe • 3,54 BE

Vorspeisebrötli

350 g Weizenmehl Type 1050
10 g Hefe
1 TL Salz
5 g Honig
180 g lauwarmes Wasser
10 g Olivenöl

Alle Zutaten in den Mixtopf geben und **4 Minuten / Knetstufe** kneten. 30 Minuten zugedeckt an einem warmen Ort gehen lassen. Dann nochmals **40 Sekunden / Knetstufe** kneten.

Teig auf einer Arbeitsmatte kurz durchkneten. Mit etwas Mehl den Teig auf der Matte zu einem 2 cm dicken Rechteck auswellen. In 3 cm große Quadrate schneiden. Nochmals kurz gehen lassen.

Fritierfett (Brötli müssen schwimmen können)

in einer höheren Pfanne erhitzen.

4 Knoblauchzehen

schälen und halbiert in das heiße Fett geben.

1 Zweig Rosmarin

zugeben und mit dem Knoblauch goldbraun andünsten.

Knoblauch und Rosmarin herausnehmen und in diesem aromatisierten Kräuterfett die Teigbrötli von jeder Seite ca. 2-3 Minuten ausbacken.

Mit der Schaumkelle herausnehmen und auf einem Küchenkrepp abtropfen lassen.

Nährwerte je 100 g: 232,36 kcal • 972,60 KJ • 7,66 g Eiweiß • 2,90 g Fett • 43,24 g KH • 3,64 g Ballaststoffe • 3,60 BE

Milchwecken

300 g Vollmilch
120 g Wasser
50 g Butter, in Stücken
1 Ei (ca. 40 g)

Die Zutaten in den Mixtopf abwiegen. **2 ½ Minuten / 37°C / Stufe 1** erwärmen.

750 g Weizenmehl Type 550
3 gestr. TL Salz
10 g Rohrzucker
30 g Hefe
2 TL Backmalz (5 g)
(s. Rezept Seite 30)

Restliche Zutaten in Mixtopf geben.
4 Minuten / Knetstufe kneten. Zugedeckt ½ Stunde im Mixtopf gehen lassen.

Nochmals **50 Sekunden / Knetstufe** kneten. Den Teig auf eine Silikonarbeitsmatte geben. Mit einer Teigkarte oder dem Spatel ca. 60 g–Stücke abstechen. Weckle formen. Auf ein mit brauner Backfolie ausgelegtes Blech legen und 20 Minuten mit einem Tuch (oder Gärtuch) zugedeckt an einem warmen Ort gehen lassen.

Den Backofen auf 180°C Ober-/Unterhitze vorheizen.

1 Eigelb mit 1 EL Milch

verquirlen, Brötchen bestreichen, mit dem Messer (oder Brötchenstempel) einschneiden.

Im vorgeheizten Backofen bei Ober-/Unterhitze 180°C ca. 20 Minuten backen.

Nährwerte je 100 g: 251,14 kcal • 1052,38 kJ • 7,75 g Eiweiß • 5,48 g Fett • 42,20 g KH • 2,75 g Ballaststoffe • 3,52 BE

Brötchen für Hamburger

40 g Butter, in Stücken
250 g Vollmilch
1 Ei, Größe M

Zutaten in den Mixtopf geben. **1 ½ Minute / 37°C / Stufe 2** erwärmen.

500 g Weizenmehl Type 550
½ Würfel Hefe
20 g Akazienhonig
1 geh. TL Salz

Restliche Zutaten zugeben. **4 Minuten / Knetstufe** kneten. Zugedeckt ½ Stunde im Mixtopf gehen lassen. Nochmals **40 Sekunden / Knetstufe** kneten.

Aus dem Teig 12 Kugeln rollen. Auf ein Backblech (mit Backfolie oder Backpapier) legen und etwas flach drücken. Nochmals 15 Minuten mit einem Geschirr- oder Gärtuch zugedeckt gehen lassen.

Inzwischen den Backofen auf 180°C Ober-/Unterhitze vorheizen.

2 EL Milch + 1 EL Sesam, geschält

Die Brötchen mit etwas Milch bestreichen und mit dem geschälten Sesam bestreuen.

Bei 180° Ober-/Unterhitze ca. 20 Minuten backen.

Nährwerte je 100 g: 264,44 kcal • 1108,23 KJ • 8,12 g Eiweiß • 6,53 g Fett • 42,81 g KH • 2,86 g Ballaststoffe • 3,57 BE

Schnittlauchbrötchen

1 Bund Schnittlauch

in Röllchen schneiden und in den Mixtopf geben.

250 g Weizenmehl Type 550
1 TL Backpulver
150 g Magerquark
1 TL Salz
30 g lauwarmes Wasser
30 g Olivenöl

Restliche Zutaten zugeben und **3 Minuten / Knetstufe** kneten. 20 Minuten im Mixtopf zugedeckt kalt stellen.

Inzwischen den Backofen auf 220°C Ober-/Unterhitze vorheizen.

Den Teig auf eine Silikonarbeitsmatte geben. Mit etwas Mehl eine 1 cm – dicke rechteckige Platte ausrollen. Mit etwas Olivenöl bepinseln und von der langen Seite her aufrollen.

Die Rolle mit einem scharfem Messer in 8 Stücke (3-4 cm lang) teilen. Diese Teile jeweils mit dem Stiel eines Holzkochlöffels in der Mitte kräftig eindrücken (Bild).

Im vorgeheizten Backofen bei 220°C Ober-/Unterhitze ca. 20 Minuten backen.

Nährwerte je 100 g: 259,05 kcal • 1085,50 KJ • 9,52 g Eiweiß • 6,98 g Fett • 38,94 g KH • 2,23 g Ballaststoffe • 3,25 BE

Wurzelbrötchen

Vorteig:

150 g Dinkelmehl Type 1050
150 g Wasser
¼ TL Salz

Das Mehl mit Wasser und Salz in den Mixtopf geben. **10 Sekunden / Stufe 4** vermischen. Mit dem Spatel alles nach unten schieben und nochmals **5 Sekunden / Stufe 3** rühren. Umfüllen!

Zugedeckt 24 Stunden im Kühlschrank quellen lassen.

Hauptteig:

500 g Dinkelmehl Type 630
260 g lauwarmes Wasser
5 g Hefe
5 g Rohrzucker
10 g Salz + den Vorteig

Alle Zutaten in den Mixtopf geben. **5 Minuten / Knetstufe** kneten.

Zugedeckt weitere 24 Stunden im Kühlschrank ruhen lassen. In 10 Stücke teilen, längliche Brötchen formen und mit Mehl bestäubt in sich verdrehen.

Nun den Backofen auf 250°C Ober-/Unterhitze einschalten.

Die Brötchen zugedeckt gehen lassen bis der Backofen die Temperatur erreicht hat. Kräftig mit Wasser besprengen.

In den auf 250°C vorgeheizten Backofen schieben und ca. 20 Minuten backen.

Tipp: Wasser in einem ofenfesten Schälchen in den Backofen stellen, damit werden die Brötchen knuspriger! Auf einem Pizzastein gebacken wird es noch knuspriger.

Info: Der Hauptteig kann bis zu 3 Tagen im Kühlschrank bleiben!

Nährwerte je 100 g: 209,96 kcal • 880,10 KJ • 5,97 g Eiweiß • 1,21 g Fett • 43,16 g KH • 3,70 g Ballaststoffe • 3,60 BE

Sonnenwecken mit Kamut

150 g Kamutkörner

in den Mixtopf abwiegen. **50 Sekunden / Stufe 10** zerkleinern.

200 g Dinkelmehl Type 630
½ Würfel Hefe
250 g Dinkelmehl Type 1050
330 g lauwarmes Wasser
30 g Backmalz (Rezept Seite 30)
2 gestr. TL Meersalz

Restliche Zutaten zugeben und **4 Minuten / Knetstufe** kneten. ½ Stunde im Mixtopf gehen lassen. Nochmals **40 Sekunden / Knetstufe** kneten. 12 runde Weckle formen und mit reichlich Abstand auf ein Backblech (mit Backfolie) setzen.

Jetzt den Backofen auf 250°C Ober-/Unterhitze vorheizen.

Die Wecken in der Zwischenzeit mit einem Gärtuch zugedeckt nochmals gehen lassen. Dann mit Wasser bepinseln.

Bei 250°C Ober-/Unterhitze ca. 15–20 Minuten backen.

Info:

Kamut ist der Produktname für die Weizensorte Q-77, die nach genetischen Untersuchungen eine Hybride aus Hartweizen (Triticum durum) und Triticum polonicum ist und ursprünglich wahrscheinlich aus Türkei/Irak/Iran und Israel stammt. Kamutkörner sind fast doppelt so groß wie herkömmliche Weizenkörner.

Er wird nie weiterveredelt, wodurch sein butterartiger Geschmack und seine Nährwerte erhalten bleiben. Er ist wesentlich energiereicher als alle anderen Weizensorten.

Kamut enthält wie alle Weizenarten Gluten. Menschen, die eine Unverträglichkeit von Weizeneiweiß haben, können versuchsweise ihre Ernährung auf Kamut umstellen. Es wird berichtet, dass in einigen Fällen Unverträglichkeits-Reaktionen ausbleiben. Dies gilt aber nicht für Menschen, die an Zöliakie erkrankt sind. (Info-Quelle Wikipedia)

Nährwerte je 100 g: 219,86 kcal • 921,48 KJ • 6,89 g Eiweiß • 1,38 g Fett
44,31 g KH • 4,52 g Ballaststoffe • 3,69 BE

Champignonküchle

300 g Dinkelmehl Type 1050
1 TL Zucker
½ Würfel Hefe
1 TL Salz
180 g lauwarmes Wasser
10 g Olivenöl

Zutaten für den Teig in den Mixtopf abwiegen und **4 Minuten / Knetstufe** kneten. Den Teig 20 Minuten im Mixtopf ruhen lassen. Dann nochmals **40 Sekunden / Knetstufe** kneten. Umfüllen.

1 Knoblauchzehe

schälen, in den Mixtopf geben. **5 Sekunden / Stufe 5** zerkleinern.

10 g Olivenöl

zugeben und **3 Minuten / Garstufe / Stufe 1** andünsten.

1 Tomate, halbiert

zugeben und **5 Sekunden / Stufe 7** zerkleinern.

150 g Champignons, geputzt
125 g Mozzarella

zugeben und **5 Sekunden / Stufe 4-5** zerkleinern.

1 gestr. TL Salz
Je ½ TL Basilikum & Pfeffer
30 g Tomatenmark
10 g Aceto balsamico

Restliche Zutaten zugeben und **8 Sekunden / Stufe 3** mischen.

Den Backofen auf 200°C Ober-/Unterhitze aufheizen.

Den Teig knapp 1 cm dick auf einer Silikonarbeitsmatte auswellen, Kreise von 12 cm Ø ausstechen. Auf die Hälfte der Kreise jeweils 1 EL Füllung in die Mitte geben, einen Kreis ohne Füllung daraufsetzen und die Ränder zusammendrücken. Mit Ei bestreichen.

Im vorgeheizten Backofen bei 200°C Ober-/Unterhitze ca. 20 Minuten backen.

Nährwerte je 100 g: 180,22 kcal • 754,77 KJ • 7,20 g Eiweiß • 5,53 g Fett • 25,00 g KH • 2,96 g Ballaststoffe • 2,06 BE

Panzerotti

360 g Weizenmehl Type 550 1 TL Zucker 15 g Hefe 1 TL Salz 170 g lauwarmes Wasser 10 g Olivenöl	Zutaten für den Teig in den Mixtopf geben und **4 Minuten / Knetstufe** kneten. Den Teig 20 Minuten im Mixtopf ruhen lassen. Nochmals **40 Sekunden / Knetstufe** kneten. Den Teig auf einer Silikonarbeitsmatte ausrollen und 12 cm große Kreise ausstechen.
1 Knoblauchzehe	schälen und in den Mixtopf geben. **5 Sekunden / Stufe 5** zerkleinern.
10 g Olivenöl	zugeben und **3 Minuten / Garstufe / Stufe 1** andünsten.
2 Tomaten, halbiert 30 g Tomatenmark 1 gestr. TL Salz Basilikum, Cayennepfeffer	Restliche Zutaten zugeben und **5 Sekunden / Stufe 7** zerkleinern.
125 g Mozzarella, halbiert	zugeben und **3 Sekunden / Stufe 4** mischen. Die Tomatenfüllung in die Mitte der Teigfladen verteilen. Dabei einen 2 cm breiten Rand frei lassen. Den Rand der Teigfladen mit ein wenig Wasser anfeuchten. Die Fladen zu Halbmonden zusammenklappen und die Ränder festdrücken.
Reichlich Frittieröl	In heißem Öl beidseitig goldbraun ausbacken.

Nährwerte je 100 g: 203,31 kcal • 851,72 KJ • 7,55 g Eiweiß • 5,52 g Fett • 30,39 g KH • 2,31 g Ballaststoffe • 2,53 BE

Überbackene Toasts

Den Backofen auf 200°C Ober-/Unterhitze vorheizen.

12 dünne Scheiben Dinkeltoast
(s. Rezept Seite 22)

leicht toasten.

100 g mittelalter Gouda, in Stücken
1 Handvoll Kräuter
40 g eingelegte grüne Peperoni

Alle Zutaten in den Mixtopf geben. **5 Sekunden / Stufe 6** zerkleinern.

300 g Frischkäse
2 Eier, Größe M (roh)
1 TL gekörnte Gemüsebrühe
Cayennepfeffer

zugeben. **5 Sekunden / Stufe 3-4** mischen. Masse im Mixtopf mit dem Spatel nach unten schieben. Nochmals **4 Sekunden / Stufe 3** mischen. Die Creme auf die Toastscheiben streichen.

Die Scheiben im vorgeheizten Backofen bei 200°C Ober-/Unterhitze ca. 12 Minuten überbacken.

Sofort servieren!

Nährwerte je 100 g: 265,27 kcal • 1111,28 KJ • 11,15 g Eiweiß • 14,97 g Fett • 21,30 g KH • 1,88 g Ballaststoffe • 1,76 BE

Tomatenpizza mit Basilikumpesto

	Den Backofen auf 250°C Ober-/Unterhitze vorheizen.
125 g Mozzarella	in Scheiben schneiden.
30 g Parmesan	in den Mixtopf geben und **8 Sekunden / Stufe 10** zerkleinern. Umfüllen.
250 g Weizenmehl Type 405 15 g Hefe 110 g lauwarmes Wasser ½ TL Meersalz 20 g Olivenöl	Zutaten für den Teig in den Mixtopf geben und **4 Minuten / Knetstufe** kneten. Teig ausrollen.
	Auf ein mit Olivenöl gefettetes Backblech/Backstein legen.
Zerkleinerten Parmesan	darüberstreuen.
1 Knoblauchzehe	in den Mixtopf geben und **5 Sekunden / Stufe 5** zerkleinern.
250 g Tomaten 40 g Tomatenmark Salz & Pfeffer 5 g Aceto Balsamico	Die Zutaten für die Soße in den Mixtopf zugeben. **4 Sekunden / Stufe 7** vermischen. Auf dem Teigboden verteilen.
Mozzarellascheiben	auf der Tomatensoße verteilen.
	Im vorgeheizten Backofen bei 250°C Ober-/Unterhitze ca. 15 Minuten backen.
1 Handvoll Basilikum 1 Knoblauchzehe	in den Mixtopf geben, **3 Sekunden / Stufe 7** zerkleinern. Blättchen mit dem Spatel nach unten schieben.
20 g Olivenöl ½ gestr. TL Salz & 1 Pr. Pfeffer	zugeben und **4 Sekunden / Stufe 2** mischen und die fertige Pizza mit dem Pesto bestreichen.

Nährwerte je 100 g: 202,01 kcal • 846,30 KJ • 7,74 g Eiweiß • 8,94 g Fett
22,35 g KH • 1,97 g Ballaststoffe • 1,85 BE

Vierkäsepizza

	Den Backofen auf 250°C Ober-/Unterhitze vorheizen.
125 g Mozzarella	in dünne Scheiben schneiden.
70 g Cheddar, würzig 70 g mittelalter Gouda 70 g Emmentaler	Den Käse in Stücken in den Mixtopf geben und **6 Sekunden / Stufe 6** zerkleinern. Umfüllen.
340 g Weizenmehl Typ 1050 ½ Würfel Hefe 1 TL Salz + 1 Prise Zucker 200 g lauwarmes Wasser 40 g Olivenöl	Die Zutaten für den Teig in den Mixtopf geben und **4 Minuten / Knetstufe** kneten. Teig auswellen. Auf ein mit Olivenöl bestrichenes Backblech oder einen Backstein legen.
Tomatensoße:	
1 Knoblauchzehe	im Mixtopf **5 Sekunden / Stufe 5** zerkleinern.
1 Dose Pizzatomaten (400 g) 40 g Tomatenmark Salz, Pfeffer, Pizzagewürz 10 g Aceto balsamico	zugeben und **8 Sekunden / Stufe 5** mischen. Die Teigplatte mit der Tomatensoße bestreichen.
Zerkleinerten Käse (s. oben) Mozzarellascheiben	auf der Tomatensoße verteilen.
Nach Belieben:	
Mit 4 grünen, gefüllten Peperoni	in Stücke geschnitten,
kurz angebratenen Rindersteakstreifen Lauchzwiebelröllchen	belegen.
	Im vorgeheizten Backofen bei 250°C Ober-/Unterhitze ca. 15 Minuten backen.

Nährwerte je 100 g: 195,46 kcal • 818,29 KJ • 8,98 g Eiweiß • 9,80 g Fett • 17,54 g KH • 1,67 g Ballaststoffe • 1,45 BE

Dreikäsehäppchen

Den Backofen auf 220°C Ober-/Unterhitze vorheizen.

160 g Dinkelmehl Type 630
1 kleines Ei
40 g kalte Butter
70 g Magerquark
½ TL Meersalz

Die Zutaten für den Teig in den Mixtopf geben und **8 Sekunden / Stufe 6** verrühren. Den Teig in 24 Stücke teilen und mit dem Teigformer in eine Mini-Muffinsform drücken.

Für die Füllung:

20 g grüne Peperoni
10 Blättchen Basilikum
80 g mittelalter Gouda
80 g Raclettekäse

in den Mixtopf geben. **5 Sekunden / Stufe 7** zerkleinern.

80 g Frischkäse

zugeben und **5 Sekunden / Stufe 4** mischen.

Die Füllung in die Teigkörbchen verteilen.

Im vorgeheizten Backofen bei 220°C Ober-/Unterhitze ca. 18 Minuten backen.

Nährwerte je 100 g: 316,03 kcal • 1323,94 KJ • 13,93 g Eiweiß • 19,63 g Fett • 20,83 g KH • 1,68 g Ballaststoffe • 1,72 BE

Lachskörbchen

	Den Backofen auf 220°C Ober-/Unterhitze vorheizen.
1 Rolle Blätterteig	auf ein Mini-Muffinsblech legen, 24 Vierecke rädeln und kleine Körbchen vorformen (Bild).
60 g Frischkäse 60 g geräucherter Lachs 60 g Schmand 1 Ei, Größe M (roh) Salz & Pfeffer	Alle Zutaten in den Mixtopf geben und **10 Sekunden / Stufe 5** mischen. In die Blätterteigkörbchen verteilen.
Gegarter Spargel	jeweils zwei 1-cm-lange Stückchen in die Masse drücken.
Lachsstreifen	ebenfalls hineinlegen.
	Im vorgeheizten Backofen bei 220°C Ober-/Unterhitze ca. 15 Minuten backen.

Nährwerte je 100 g: 273,13 kcal • 1142,84 KJ • 7,31 g Eiweiß • 21,52 g Fett • 12,94 g KH • 0,90 g Ballaststoffe • 1,08 BE

Mango-Käsekuchenminis

Den Backofen auf 200°C Ober-/Unterhitze vorheizen.

100 g Butter, in Stücken
30 g Rohrzucker
1 Prise Salz
150 g Mehl
1 Ei, Größe M

Die Zutaten in den Mixtopf geben und **15 Sekunden / Stufe 4** mischen.

Den Teig in die Mini-Muffinsform verteilen und mit dem Teigformer Körbchen formen.

50 g Butter, in Stücken
30 g Zucker
1 Ei, Größe M

in den Mixtopf geben und **3 Minuten / 37°C / Stufe 5** erwärmen.

100 g Mango, geschält, in Stücken
5 g Zitronensaft
20 g Vanillepuddingpulver

zugeben und **8 Sekunden / Stufe 6** mischen.

180 g Magerquark

abtropfen lassen, zugeben und **1 Minute / Knetstufe** unterrühren.

Die Masse in die vorgeformten Körbchen verteilen.

Mangoschnitzchen

jeweils eins mittig in den Quark drücken.

Gehackte Pistazien

darüberstreuen.

Im vorgeheizten Backofen bei 200°C Ober-/Unterhitze ca. 15 Minuten backen.

In der Backform auskühlen lassen.

Nährwerte je 100 g: 298,67 kcal • 1250,89 KJ • 6,99 g Eiweiß • 18,27 g Fett • 26,58 g KH • 1,18 g Ballaststoffe • 2,22 BE

Windbeutel mit Himbeercreme

Den Backofen auf 180°C Ober-/Unterhitze vorheizen.

130 g Wasser
120 g Vollmilch
100 g Butter, in Stücken
1 Prise Salz

Die Zutaten in den Mixtopf abwiegen und **4 ½ Minuten / 100°C / Stufe 2-3** erhitzen.

180 g Weizenmehl Type 405

zugeben und **4 Minuten / 100°C / Stufe 2-3** erhitzen.

1 Ei, Größe M (45 g)

bei laufendem Messer / **Stufe 3** durch die Deckelöffnung zugeben und **20 Sekunden / Stufe 2-3** mischen. Den Mixtopf mit dem Deckel zum Abkühlen 10 Minuten beiseite stellen.

3 Eier, Größe M

Den Mixtopf wieder einsetzen, verschließen und nach und nach die 3 Eier jeweils **20 Sekunden / Stufe 3** unterrühren.

Der Teig soll glänzen (s. Bild) und leicht vom Spatel reißen.

Ca. 20 kleine Windbeutel auf zwei mit Backfolie ausgelegte Backbleche spritzen. Beim Spritzen darauf achten, dass man auf eine kleine Grundfläche und in die Höhe spritzt. Ansonsten werden die fertigen Windbeutel zu breit.

Im vorgeheizten Backofen ca. 30 Minuten bei 180°C Ober-/Unterhitze backen. Das Gebäck sollte goldgelb werden. Danach den Backofen abschalten und 15 Minuten die Backofentür mit einem Kochlöffel leicht geöffnet halten, damit die Windbeutel nachtrocknen. Wichtig! Während des Backens und auch zum Trocknen den Backofen nicht ganz öffnen. Ansonsten fällt der Teig zusammen.

Nährwerte je 100 g (Himbeer): 200,51 kcal • 840,25 KJ • 6,60 g Eiweiß • 12,70 g Fett • 14,76 g KH • 2,08 g Ballaststoffe • 1,23 BE

Nach der Trocknungszeit die Windbeutel aus dem Ofen holen und vollständig abkühlen lassen.

Abgekühlte Windbeutel halbieren und süss oder salzig füllen:

<u>Himbeerquark:</u>

80 g gefrorene Himbeeren – in den Mixtopf geben und **5 Sekunden / Stufe 10** zerkleinern.

100 g Magerquark
100 g Frischkäse
20 g Akazienhonig
Mark einer ½ Vanilleschote
1 TL Johannisbrotkernmehl – Restliche Zutaten zugeben und **20 Sekunden / Stufe 3** mischen.

Himbeeren – Die aufgeschnittenen Windbeutel mit der Creme füllen und mit jeweils 2-3 Himbeeren belegen. Den Deckel aufsetzen.

Mit Puderzucker – bestäuben.

<u>Lachscreme:</u>

30 g Möhren
50 g geräucherter Lachs – in den Mixtopf geben und **5 Sekunden / Stufe 5** zerkleinern.

100 g Magerquark
100 g Créme fraîche
5 g Apfelessig
½ TL Salz, 1 Prise Pfeffer
1 gestr. TL Dill – Restliche Zutaten zugeben und **10 Sekunden / Stufe 3** mischen.

Lachsstreifen – Die aufgeschnittenen Windbeutel mit der Creme füllen und mit Lachsstreifen belegen. Den Deckel aufsetzen.

Mit Cayennepfeffer – bestäuben.

Nährwerte je 100 g (Lachs): 214,05 kcal • 896,56 KJ • 7,96 g Eiweiß • 14,19 g Fett • 13,75 g KH • 0,84 g Ballaststoffe • 1,14 BE

Lebkuchenminis

Den Backofen auf 200°C Ober-/Unterhitze vorheizen.

90 g Butter, in Stücken
30 g Rohrzucker
1 Prise Salz
160 g Mehl
1 Ei, Größe M
½ TL Lebkuchengewürz

Die Zutaten in den Mixtopf geben. **15 Sekunden / Stufe 4** mischen. Den Teig in eine Mini-Muffinsform verteilen. Mit dem leicht bemehlten Teigformer Körbchen herstellen.

100 g Nüsse (auch gemischt)

in den Mixtopf geben und **3 Sekunden / Stufe 6** zerkleinern. Umfüllen.

100 g Zartbitterschokolade

in den Mixtopf geben und **5 Sekunden / Stufe 8** zerkleinern.

20 g Schlagsahne

zugeben und **2 Minuten / 50°C / Stufe 1** erwärmen.

Zerkleinerte Nüsse
20 g Rohrzucker
½ TL Lebkuchengewürz
1 Pck. Bourbon-Vanillezucker

Restliche Zutaten zugeben und **5 Sekunden / Stufe 4** mischen. Die Masse in den Körbchen verteilen.

Im vorgeheizten Backofen ca. 12 Minuten bei 200°C Ober-/Unterhitze backen.

Tipp:

Vanillezucker selbermachen: Geben Sie Ihre ausgeschabten Vanilleschoten in ein luftdicht verschließbares Glas mit Haushaltszucker. Geht der Vorrat zur Neige, können Sie immer wieder Zucker + Schoten nachfüllen.

Nährwerte je 100 g: 457,95 kcal • 1917,54 KJ • 9,66 g Eiweiß • 29,43 g Fett • 39,05 g KH • 5,12 g Ballaststoffe • 3,25 BE

Zitronenküchle mit Kirschsoße

Den Backofen auf 180°C Ober-/Unterhitze vorheizen.

Küchle:

40 g Zucker
40 g Butter
2 Eier, Größe M

in den Mixtopf geben und **1 Minute / 37°C / Stufe 4** schaumig rühren.

100 g saure Sahne
100 g Vollmilch
180 g Weizenmehl Type 405
½ Pck. Backpulver
Saft u. Schale von 1 unbeh. Zitrone

Restliche Zutaten zugeben und **10 Sekunden / Stufe 5** mischen. Die Masse in ausgefettete hitzebeständige Soufflé–Förmchen geben.

In einem mit Wasser gefüllten tiefen Backblech oder einer Auflaufform im vorgeheizten Backofen ca. 35 Minuten bei 180°C Ober-/Unterhitze backen.

Kirschsoße:

350 g Schattenmorellen
150 g Kirschsaft
Saft einer ½ Zitrone
40 g Kirschlikör

Alle Zutaten in den Mixtopf geben und **10 Minuten / 100°C / Stufe 1** erhitzen. Umfüllen.

Schmeckt heiß oder kalt zu den ausgekühlten Zitronenküchle.

Nährwerte je 100 g: 169,44 kcal • 709,88 KJ • 3,46 g Eiweiß • 5,18 g Fett • 24,71 g KH • 0,88 g Ballaststoffe • 2,06 BE

Gabis Franzbrötchen

200 g Vollmilch
80 g Butter, in Stücken

in den Mixtopf geben und **2 Minuten / 37°C / Stufe 2** erwärmen.

500 g Weizenmehl Type 405
30 g Hefe
50 g Rohrzucker
1 TL Salz

Restliche Zutaten für den Teig zugeben. **4 Minuten / Knetstufe** kneten. Den Teig 30 Minuten im Mixtopf gehen lassen. Nochmals **50 Sekunden / Knetstufe** kneten.

Den Backofen auf 200°C Ober-/Unterhitze vorheizen.

Den Teig auf eine Arbeitsmatte umfüllen. Mit etwas Mehl eine ½ cm dicke rechteckige Platte ausrollen.

80 g Butter
150 g Karamell (fertig gekauft oder s. unten)

in den Mixtopf geben. **15 Sekunden / Stufe 3-4** mischen. Die Teigplatte damit bestreichen und von der langen Seite her aufrollen. Die Rolle in 5 cm lange Stücke teilen. Jedes Teilchen mit dem Stiel eines Kochlöffels in der Mitte kräftig eindrücken.

Im vorgeheizten Backofen bei 200°C Ober-/Unterhitze ca. 20-25 Minuten backen.

Tipp:

Statt Karamell kann man eine Mischung aus 150 g Zucker und 1 TL Zimt unter die Butter rühren.

<u>Karamellcreme selber herstellen:</u>

1 Dose gesüßte Kondensmilch (z.B. Milchmädchen)

Die geschlossene Dose in den Schnellkochtopf geben, mit Wasser ganz bedecken. Wenn der Druck im Topf erreicht ist, 20 Minuten kochen.

Wichtig!

Die Dose erst öffnen, wenn sie vollständig abgekühlt ist. Durch die Hitze hat sich Druck aufgebaut!

Nährwerte je 100 g: 341,92 kcal • 1430,69 KJ • 6,73 g Eiweiß • 14,75 g Fett • 45,25 g KH • 2,02 g Ballaststoffe • 3,77 BE

Nestlé
Milch

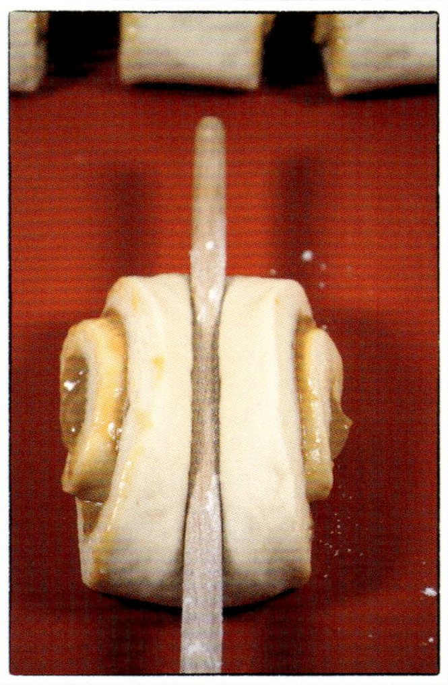

Brioches

Den Backofen auf 175°C Ober-/Unterhitze vorheizen.

150 g Vollmilch
1 Ei, Größe M
100 g Butter, in Stücken

im Mixtopf **2 Minuten / 37°C / Stufe 2** erwärmen.

500 g Weizenmehl Type 405
60 g Rohrzucker
½ Würfel Hefe
1 gestr. TL Salz

Restliche Zutaten zugeben und **5 Minuten / Knetstufe** kneten. Den Teig im Mixtopf lassen und an einem warmen Ort zugedeckt 50 Minuten gehen lassen.

Nochmals **40 Sekunden / Knetstufe** kneten.

Den Teig auf eine Arbeitsmatte geben und in 12 Stücke teilen. Von jedem Stückchen ein Viertel abnehmen. Große und kleine Stücke zu Kugeln formen und die großen Kugeln in eine Muffinsform geben. Die kleinen Kugeln daraufsetzen.

1 Eigelb

in einem Schälchen verquirlen und die Brioches damit bestreichen. Evtl. mit Mandelsplittern bestreuen.

Im vorgeheizten Backofen ca. 20 Minuten bei 175°C Ober-/Unterhitze backen.

Nährwerte je 100 g: 330,07 kcal • 1381,14 KJ • 7,98 g Eiweiß • 11,88 g Fett • 47,38 g KH • 2,70 g Ballaststoffe • 3,95 BE

Schokomuffins mit Schuss

	Den Backofen auf 180°C Ober-/Unterhitze vorheizen.
80 g Zartbitterschokolade	in den Mixtopf geben und **5 Sekunden / Stufe 6** zerkleinern. Umfüllen!
200 g dunkle Sahneschokolade	in den Mixtopf geben und **5 Sekunden / Stufe 8** zerkleinern.
100 g Butter, in Stücken 4 Eier, Größe M 80 g Rohrzucker	zugeben und **2 ½ Minuten / 37°C / Stufe 5** rühren.
150 g Weizenmehl Type 405 1 EL Kakao 1 TL Weinsteinbackpulver 100 g Whiskey	Restliche Zutaten zugeben und **10 Sekunden / Stufe 3** rühren.
	Den Teig in Silikon-Muffinsförmchen verteilen und auf ein Backblech setzen. Die zuvor grob zerkleinerte Zartbitterschokolade über die Muffins streuen (Bild).
	Im vorgeheizten Backofen bei 180°C Ober-/Unterhitze ca. 25 Minuten backen.
	Nach Belieben mit Puderzucker bestäuben!

Nährwerte je 100 g: 400,76 kcal • 1678,25 kJ • 7,51 g Eiweiß • 22,03 g Fett • 36,46 g KH • 2,70 g Ballaststoffe • 3,04 BE

Nougatmuffins

	Den Backofen auf 180°C Ober-/Unterhitze vorheizen.
15 g Rohrzucker	in den Mixtopf geben und **10 Sekunden / Stufe 10** pulverisieren.
100 g Marzipanrohmasse 15 g gehackte Pistazien	zugeben. **5 Sekunden / Stufe 5** vermischen. Die Masse auf eine Silikonarbeitsmatte umfüllen. Von Hand nochmals zusammenkneten und mit Hilfe einer Frischhaltefolie zu einer dünnen Platte ausrollen.
100 g Nougatrohmasse	in 12 Würfel schneiden und mit Marzipan ummanteln.
340 g Weizenmehl Type 405 100 g Rohrzucker 1 Pck. Backpulver 1 Pck. Vanillezucker 200 g Butter, in Stücken 100 g Milch 4 Eier, Größe M	Alle Zutaten in Mixtopf geben und **10 Sekunden / Stufe 6** rühren. Die Silikon-Muffinsförmchen zur Hälfte füllen. Jeweils einen Marzipanwürfel hineinlegen und den restlichen Teig darauf verteilen.
	Im vorgeheizten Backofen bei 180°C Ober-/Unterhitze ca. 25–30 Minuten backen.
Mit Schokoglasur oder Puderzucker	nach dem Abkühlen verzieren.

Nährwerte je 100 g: 394,02 kcal • 1649,71 KJ • 7,33 g Eiweiß • 23,21 g Fett • 39,17 g KH • 2,79 g Ballaststoffe • 3,26 BE

Beerenmuffins

Den Backofen auf 180°C Ober-/Unterhitze vorheizen.

60 g Rohrzucker
1 Ei, Größe M
250 g Weizenmehl Type 405
100 g Frischkäse
2 TL Backpulver
2 TL Bourbon-Vanillezucker
100 g Vollmilch

Alle Zutaten in den Mixtopf geben und **12 Sekunden / Stufe 4** mischen.

100 g Johannisbeeren

geputzt zugeben und **12 Sekunden / Stufe 1** unterrühren.

In 12 Papier- oder Silikon-Muffinsförmchen verteilen.

Im vorgeheizten Backofen ca. 20 Minuten bei 180°C Ober-/Unterhitze backen.

Auskühlen lassen.

Mit Puderzucker

bestäuben.

Tipp:

Auf den Bildern wurden für einen Likör angesetzte Johannisbeeren weiter verwendet! Sie können andere Beerensorten, auch tiefgefroren, ebenfalls verwenden.

Nährwerte je 100 g: 245,39 kcal • 1027,05 KJ • 6,89 g Eiweiß • 6,43 g Fett • 39,17 g KH • 2,59 g Ballaststoffe • 3,27 BE

Muffins mit Macadamianüssen

	Den Backofen auf 180°C Ober-/Unterhitze vorheizen.
100 g Zartbitterschokolade	in den Mixtopf geben und **8 Sekunden / Stufe 5** zerkleinern. Umfüllen.
125 g Macadamianüsse, ungesalzen	in den Mixtopf geben. **4 Sekunden / Stufe 4-5** zerkleinern.
50 g Rohrzucker 10 g Butter 80 g Wasser	Die Zutaten zugeben und ca. **11 Minuten / Garstufe / Stufe 1** kochen. Keinen Messbecher einsetzen. Solange kochen bis die Flüssigkeit sich vollständig um die Nüsse gelegt hat. Die Nüsse auf Backpapier (Backfolie) verteilen und auskühlen lassen.
100 g Butter 80 g kalter Kaffee 2 Eier, Größe M 50 g brauner Zucker	Die Zutaten in den Mixtopf abwiegen und **2 Minuten / 37°C / Stufe 5** erwärmen.
150 g Weizenmehl Type 405 140 g Créme fraîche 2 TL Backpulver zerkleinerte Schokolade (s. oben)	Restliche Zutaten zugeben und **10 Sekunden / Stufe 5** rühren. Den Teig in Muffinsförmchen (oder ein Muffinsblech) verteilen. Die Nüsse auf dem Teig verteilen.
	Silikonförmchen auf ein Blech setzen und im vorgeheizten Backofen ca. 20-25 Minuten backen.

Tipp:

Gesalzene Nüsse einfach abspülen!

Nährwerte je 100 g: 402,29 kcal • 1683,91 KJ • 5,34 g Eiweiß • 30,01 g Fett • 28,26 g KH • 4,11 g Ballaststoffe • 2,36 BE

Cupcakes mit Nougat-Topping

Den Backofen auf 200°C Ober-/Unterhitze vorheizen.

30 g Rohrzucker
1 Ei, Größe M
120 g Weizenmehl Type 405
1 TL Backpulver
100 g Frischkäse

in den Mixtopf abwiegen. **15 Sekunden / Stufe 4** mischen. 12 Papier- oder Silikon-Muffinsförmchen mit jeweils 1 EL Teig füllen.

Im vorgeheizten Backofen bei 200°C Ober-/Unterhitze ca. 10 Minuten backen. Auskühlen lassen.

Nougat-Topping:

100 g Nougat

in den Mixtopf geben und **5 Sekunden / Stufe 5** zerkleinern.

70 g Frischkäse
1 TL Kakao
70 g Butter

zugeben und **20 Sekunden / Stufe 4** mischen.

In einen Spritzbeutel geben und die Cupcakes verzieren.

Mit Schokostreuseln

dekorieren.

Nährwerte je 100 g: 409,69 kcal • 1715,59 KJ • 8,48 g Eiweiß • 28,10 g Fett • 31,10 g KH • 2,61 g Ballaststoffe • 2,59 BE

Pestomuffins

60 g Pecorino, in Stücken
1 Bund Basilikum
1 Knoblauchzehe

Die Zutaten in den Mixtopf geben und **5 Sekunden / Stufe 8** zerkleinern.

20 g Olivenöl
1 geh. TL Salz
460 g Weizenmehl Type 405
30 g Hefe
190 g lauwarmes Wasser
50 g Vollmilch

Restliche Zutaten zugeben und **4 Minuten / Knetstufe** kneten. Dann 20 Minuten im Mixtopf gehen lassen.

In der Zwischenzeit den Backofen auf 220°C Ober-/Unterhitze vorheizen.

Dann nochmals **40 Sekunden / Knetstufe** kneten. Den Teig in Silikon-Muffinsförmchen oder eine Muffinsform verteilen.

Im vorgeheizten Backofen bei 220°C Ober-/Unterhitze ca. 25 Minuten backen.

Nährwerte je 100 g: 246,48 kcal • 1031,08 KJ • 9,35 g Eiweiß • 4,58 g Fett • 41,24 g KH • 3,03 g Ballaststoffe • 3,44 BE

Frittata-Muffins

Den Backofen auf 220°C Ober-/Unterhitze vorheizen.

1 Knoblauchzehe
1 Schalotte

in den Mixtopf geben. **5 Sekunden / Stufe 5** zerkleinern.

120 g Möhren
120 g Zucchini
80 g Brokkoli (auch mit Stiel)
100 g mittelalter Gouda
4 Eier, Größe M
30 g Schlagsahne
1 TL Rosmarin
je ½ gestr. TL Salz & Pfeffer

Restliche Zutaten in den Mixtopf abwiegen. **5 Sekunden / Stufe 4-5** zerkleinern.

Den Teig in ein gefettetes Muffinsblech verteilen und im vorgeheizten Backofen bei 220°C Ober-/Unterhitze ca. 18 Minuten backen.

Nährwerte je 100 g: 125,63 kcal • 526,47 KJ • 8,65 g Eiweiß • 9,14 g Fett • 2,22 g KH • 1,32 g Ballaststoffe • 0,18 BE

Apfelkuchen mit Himbeeren

200 g Schichtkäse
80 g Rohrzucker
1 Pck. Vanillepuddingpulver
100 g Sahne
1 Pck. Vanillezucker
1 Ei, Größe M

Alle Zutaten für den Teig in den Mixtopf geben und **15 Sekunden / Stufe 5** vermischen.

Eine Kuchenform (ø 26 cm) mit Backfolie (Einleger) auslegen und den Teig einfüllen.

Den Backofen auf 220°C Ober-/Unterhitze vorheizen.

700 g säuerliche Äpfel

entkernen, schälen, in großen Stücken in den Mixtopf geben.

1 Pck. Vanillezucker
½ TL Zimt

zugeben. **5 Sekunden / Stufe 4-5** zerkleinern. Auf dem Kuchenteig verteilen.

100 g Himbeeren

auf den Äpfeln verteilen.

180 g Dinkelmehl Type 630
1 Ei, Größe M
70 g kalte Butter
1 Pck. Vanillezucker
70 g Rohrzucker

Die Zutaten für die Streusel in den Mixtopf geben und **15 Sekunden / Stufe 5** vermischen. Die Streusel auf dem Obst verteilen.

Im vorgeheizten Backofen bei 220°C Ober-/Unterhitze auf mittlerer Schiene ca. 30 Minuten backen.

Nährwerte je 100 g: 184,87 kcal • 774,70 kJ • 3,53 g Eiweiß • 6,99 g Fett • 26,58 g KH • 1,90 g Ballaststoffe • 2,22 BE

Himbeer-Crostata

	Den Backofen auf 180°C Ober-/Unterhitze vorheizen.
200 g geschälte Mandeln	in den Mixtopf geben und **5 Sekunden / Stufe 6** zerkleinern.
300 g Weizenmehl Type 405 ½ Pck. Backpulver 100 g Rohrzucker 1 Ei, Größe M 200 g Butter, in Stücken 10 g Himbeergeist	Restliche Zutaten zugeben und **15 Sekunden / Stufe 6** vermischen. Den Teig auf eine Silikon-Arbeitsmatte umfüllen und mit etwas Mehl schnell zu einer Kugel formen. In zwei Hälften teilen.
	Eine Hälfte auf dem Boden einer flachen Kuchenform (Tarte-Kuchenform) auswellen. An den Rändern hochziehen.
½ Glas Himbeermarmelade	auf den Teigboden verstreichen.
Die zweite Teighälfte	zu einer Teigplatte (4 mm dick) ausrollen. Mit einem Teigrädchen in Streifen schneiden und als Gitter auf den Kuchen legen. (s. Bild)
1 Eigelb	in einer Tasse verquirlen und das Kuchengitter damit bestreichen.
gefr. Himbeeren	in den Gittern verteilen.
	Im vorgeheizten Backofen bei 180°C Ober-/Unterhitze auf mittlerer Schiene ca. 30–35 Minuten backen.

Nährwerte je 100 g: 400,40 kcal • 1676,29 KJ • 6,66 g Eiweiß • 24,27 g Fett • 38,44 g KH • 4,38 g Ballaststoffe • 3,20 BE

Leckere Mandelschnitten

Den Backofen auf 200°C Ober-/Unterhitze vorheizen.

150 g Mandeln
50 g Rohrzucker
10 g Butter
80 g Wasser

in den Mixtopf geben. Ohne Messbecher ca. **12 Minuten / Garstufe / Stufe 1** kochen. Auf jeden Fall solange kochen bis die Flüssigkeit die Mandeln vollständig umhüllt hat. Die Masse auf einer Backfolie verteilen und auskühlen lassen. Dann im Mixtopf **5 Sekunden / Stufe 4-5** zerkleinern.

200 g gesüßte Kondensmilch
30 g Rohrzucker
3 Eier, Größe M
200 g Frischkäse
300 g Weizenmehl Type 405
1 Pck. Backpulver

Alle Zutaten für den Teig in den Mixtopf geben. **15 Sekunden / Stufe 5** mischen.

Ein tieferes Backblech (ca. 4 cm tief) mit einer Backfolie auslegen. Den Teig darauf verteilen.

Ca. 12 Minuten im vorgeheizten Backofen bei 200°C Ober-/Unterhitze backen. Den Kuchen auskühlen lassen.

200 g gesüßte Kondensmilch
180 g Butter

in den Mixtopf geben und **10 Sekunden / Stufe 4** mischen. Die Creme oben und unten aufstreichen.

150 g Kokosflocken oder glasierte Mandeln (s. oben)

Je nach Geschmack Kokosflocken oder die zerkleinerten glasierten Mandeln über die Creme streuen. Den Kuchen in Rechtecke schneiden.

Als Hingucker sehen auch Pistazien schön aus!

Nährwerte je 100 g: 400,11 kcal • 1674,10 KJ • 8,97 g Eiweiß • 24,61 g Fett • 35,80 g KH • 2,37 g Ballaststoffe • 2,98 BE

Rhabarberkuchen

Den Backofen auf 220°C Ober-/Unterhitze vorheizen.

250 g Magerquark
70 g Zucker
1 Pck. Vanillepuddingpulver
110 g Sahne
1 Pck. Vanillezucker
1 Ei, Größe M

Alle Zutaten für den Teig in den Mixtopf geben und **15 Sekunden / Stufe 5** vermischen.

Eine runde Springform (ø 26 cm) mit Backfolie (Backpapier) auslegen und den Teig einfüllen.

700 g Rhabarber – schälen, in 1 cm große Stücke schneiden und auf dem Kuchenteig verteilen.

100 g Himbeeren – darauf verteilen.

Streusel:

180 g Dinkelmehl Type 630
1 Ei, Größe M
70 g kalte Butter
1 Pck. Vanillezucker
70 g Zucker

Die Zutaten in den Mixtopf geben und **15 Sekunden / Stufe 5** vermischen. Die Streusel auf dem Obst verteilen.

Im vorgeheizten Backofen bei 220°C Ober-/Unterhitze auf mittlerer Schiene ca. 30 Minuten backen. Etwas auskühlen lassen und aus der Form nehmen.

Mit Puderzucker – bestäuben.

Nährwerte je 100 g: 158,87 kcal • 665,71 kJ • 4,30 g Eiweiß • 6,38 g Fett • 20,29 g KH • 2,09 g Ballaststoffe • 1,69 BE

Oma Bertas Gugelhupf

Füllung:

	Rühraufsatz einsetzen!
2 Eiweiß 1 Prise Salz	in den fettfreien Mixtopf geben und **3 Minuten / 37°C / Stufe 4** steif schlagen. Rühraufsatz entfernen und in eine größere Schüssel umfüllen.
100 g Mandeln 100 g Walnusskerne	in den Mixtopf geben und **3 Sekunden / Stufe 6** zerkleinern. Umfüllen.
60 g Rohrzucker 20 g Wasser	in den Mixtopf geben und **3 Minuten / Garstufe / Stufe 1** erhitzen.
Saft und Schale von ½ Bio-Zitrone 2 Tropfen Bittermandelaroma zerkleinerte Mandeln + Nüsse (s. oben)	zugeben und **10 Sekunden / Stufe 3** untermischen. Etwas auskühlen lassen und vorsichtig mit dem Spatel unter die Schneemasse unterheben.
Eischnee	**10 Sekunden / Stufe 2** abwechselnd mit **Linkslauf** unterheben. Die Füllung umfüllen.

Teig:

200 g Vollmilch 100 g Butter, in Stückchen 2 Eigelb	Die Zutaten in den Mixtopf geben und **2 Minuten / 37°C / Stufe 2** erwärmen.
½ Würfel Hefe 500 g Dinkelmehl Type 630	

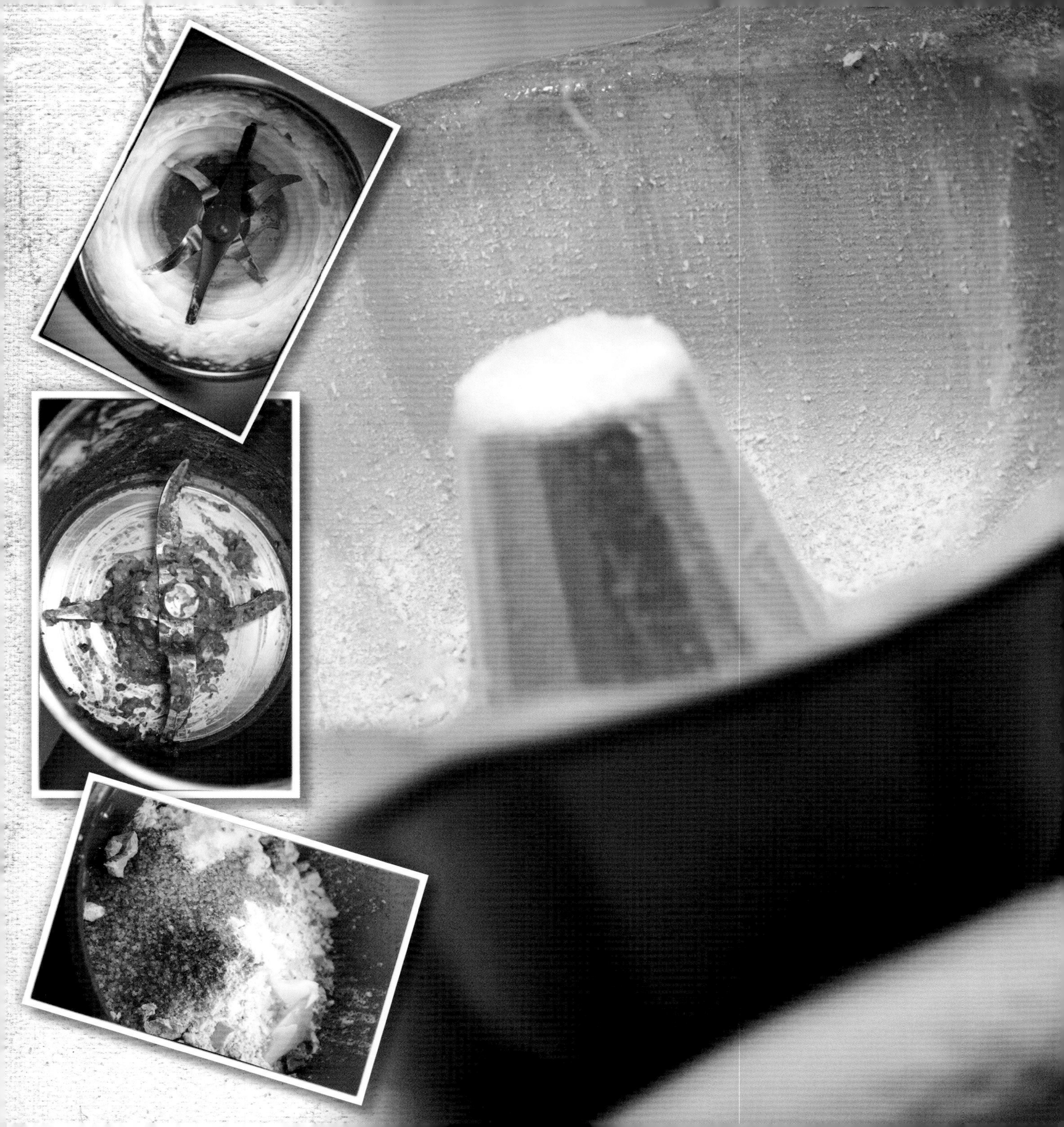

50 g Rohrzucker
5 g Schweineschmalz
2 gestr. TL Salz

Restliche Zutaten in den Mixtopf geben und **4 Minuten / Knetstufe** kneten. Den Teig im Mixtopf lassen und an einem warmen Ort ca. 45 Minuten gehen lassen.

Nochmals **50 Sekunden / Knetstufe** kneten.

Teig auf eine Silikon-Arbeitsmatte geben und zu einer 55 x 20 cm großen Platte ausrollen. Mit der Füllung bestreichen und von der langen Seite her aufrollen.

Den Backofen auf 175°C Ober-/Unterhitze vorheizen.

In eine gefettete, mit Semmelbröseln ausgestreute Gugelhupfform legen und nochmals 30 Minuten zugedeckt gehen lassen.

Im vorgeheizten Backofen ca. 45 Minuten bei 175°C Ober-/Unterhitze backen.

Nach Belieben mit Zuckerguss bestreichen oder mit Puderzucker bestreuen.

Nährwerte je 100 g: 355,11 kcal • 1487,48 KJ • 8,53 g Eiweiß • 18,36 g Fett • 38,90 g KH • 4,38 g Ballaststoffe • 3,24 BE

Grüner Marmorkuchen

Den Backofen auf 180°C Ober-/Unterhitze vorheizen.

10 g Kürbiskerne — in den Mixtopf geben und **5 Sekunden / Stufe 5** zerkleinern. Zur Dekoration umfüllen!

50 g Kürbiskerne — im Mixtopf **5 Sekunden / Stufe 8** zerkleinern. Umfüllen!

180 g Zucker
250 g Butter
4 Eier, Größe M
1 Prise Salz — Die Zutaten in den Mixtopf geben und **2 ½ Minuten / 37°C / Stufe 5** rühren.

150 g süße Sahne
400 g Weizenmehl Type 405
1 Pck. Backpulver — zugeben und **30 Sekunden / Knetstufe** und dann **15 Sekunden / Stufe 6** mischen.

Die Hälfte des Teiges in eine gefettete Backform (Kastenform) geben.

50 g zerkl. Kürbiskerne (s. oben)
10 g weißer Rum — zum restlichen Teig geben und **5 Sekunden / Stufe 6** untermischen. Ebenfalls in die Kuchenform geben und mit einem Messer ein wellenförmiges Muster ziehen.

Im vorgeheizten Backofen bei 180°C Ober-/Unterhitze ca. 55 Minuten backen.

Zitronenguss:

150 g Puderzucker
je 2 EL Zitronensaft und Wasser — zu einer nicht zu dünnen Glasur verrühren und den abgekühlten Kuchen mit der Glasur überziehen.

Grob zerkl. Kürbiskerne — darüberstreuen.

Nährwerte je 100 g: 399,12 kcal • 1671,47 KJ • 5,97 g Eiweiß • 21,74 g Fett • 44,99 g KH • 1,50 g Ballaststoffe • 3,75 BE

Zebrakuchen

Den Backofen auf 180°C Ober-/Unterhitze vorheizen.

100 g Rohrzucker
250 g Butter, in Stücken
1 Pck. Vanillezucker
3 Eier, Größe M

in den Mixtopf geben und **3 Minuten / 37°C / Stufe 5** schaumig rühren.

140 g Vollmilch
400 g Weizenmehl Type 405
1 Pck. Backpulver

zugeben. **30 Sekunden / Knetstufe** und dann **15 Sekunden / Stufe 6** mischen. Den Teig umfüllen.

50 g Zartbitterschokolade, in Stücken
50 g Vollmilchschokolade, in Stücken

in den Mixtopf geben. **5 Sekunden / Stufe 8** zerkleinern und **2 Minuten / 50°C / Stufe 2** erhitzen.

50 g Zwieback, in Stücken

zugeben und **15 Sekunden / Stufe 5** vermischen.

400 g vom hellen Rührteig

zugeben. **10 Sekunden / Stufe 4** mischen.

In eine Kastenform immer abwechselnd 1 cm hoch hellen und dunklen Teig einfüllen.

Im vorgeheizten Backofen bei 180°C Ober-/Unterhitze ca. 55 Minuten backen.

Nach Belieben mit Schokoladenguss oder Puderzucker verzieren.

Schokoguss:

100 g dunkle Vollmilchschokolade

in den Mixtopf geben und **3 Sekunden / Stufe 8** zerkleinern.

50 g Schlagsahne

zugeben und **2 Minuten / 50°C / Stufe 2** erwärmen.

Den Schokoguss über den Kuchen verteilen und evtl. mit Nüssen bestreuen.

Nährwerte je 100 g: 397,39 kcal • 1663,94 KJ • 6,50 g Eiweiß • 23,41 g Fett • 40,37 g KH • 1,97 g Ballaststoffe • 3,37 BE

Orangen-Kürbiskuchen

	Den Backofen auf 180°C Ober-/Unterhitze vorheizen.
100 g Kürbiskerne	in den Mixtopf geben und **5 Sekunden / Stufe 5** zerkleinern. Umfüllen.
300 g Dinkelkörner	im Mixtopf **40 Sekunden / Stufe 10** zerkleinern. Umfüllen.
250 g Hokkaidokürbis	grob schälen und in Stücken in den Mixtopf geben. **8 Sekunden / Stufe 6** zerkleinern. Zu den Kürbiskernen umfüllen.
150 g Rohrzucker 1 Pck. Vanillezucker 4 Eier, Größe M 200 g Butter	Die Zutaten in den Mixtopf geben. **2 ½ Minuten / 37°C / Stufe 5** schaumig rühren.
70 g Créme fraîche 1 Pck. Backpulver Schale einer Bio-Orange zerkl. Kürbiskerne + Kürbis + Dinkel	Restliche Zutaten zugeben. **30 Sekunden / Knetstufe** und weitere **15 Sekunden / Stufe 6** mischen.
	Eine Kastenform (30 cm) mit Backfolie (Kastenform-Einleger) auslegen. Den Teig einfüllen.
	Im vorgeheizten Backofen bei 180°C Ober-/Unterhitze auf mittlerer Schiene ca. 55 Minuten backen. Holzstäbchenprobe machen!
150 g Créme fraîche 1 Pck. Vanillezucker	verrühren und die Masse auf dem erkalteten Kuchen verteilen.
Mit gehackten Kürbiskernen Orangenzesten	und bestreuen.

Nährwerte je 100 g: 333,90 kcal • 1398,32 KJ • 6,32 g Eiweiß • 21,59 g Fett • 28,79 g KH • 2,05 g Ballaststoffe • 2,40 BE

Nusscake

Den Backofen auf 180°C Ober-/Unterhitze vorheizen.

100 g Mandeln
25 g Pistazien, ungesalzen
60 g Haselnusskrokant
100 g Marzipanrohmasse

Die Zutaten in den Mixtopf geben. **5 Sekunden / Stufe 6** zerkleinern. In eine Schüssel umfüllen!

80 g Zucker
200 g Butter, in Stücken
4 Eier, Größe M

in den Mixtopf geben und **2 ½ Minuten / 37°C / Stufe 5** schaumig rühren.

380 g Weizenmehl Type 405
1 Pck. Backpulver
90 g Vollmilch
zerkleinerte Nussmasse (s. oben)

Restliche Zutaten zugeben und **30 Sekunden / Knetstufe** und dann **15 Sekunden / Stufe 6** mischen.

Eine Kastenform (30 cm) mit Backfolie auslegen oder mit Butter einfetten. Den Teig einfüllen.

Im vorgeheizten Backofen bei 180°C Ober-/Unterhitze ca. 55 Minuten backen. Holzstäbchenprobe machen!

Nach Belieben mit Schokoglasur oder Puderzucker verzieren!

Nährwerte je 100 g: 404,89 kcal • 1695,26 KJ • 8,43 g Eiweiß • 24,94 g Fett • 36,99 g KH • 3,58 g Ballaststoffe • 3,08 BE

Getränkter Kokoskuchen

Den Backofen auf 180°C Ober-/Unterhitze vorheizen.

100 g Zucker — im Mixtopf **10 Sekunden / Stufe 10** pulverisieren.

Rühraufsatz einsetzen!

3 Eier, Größe M — zugeben. **3 Minuten / 37°C/ Stufe 4** und **3 Minuten / Stufe 4** schaumig rühren.

Rühraufsatz entfernen!

120 g Weizenmehl Type 405
80 g Speisestärke
2 gestr. TL Backpulver
80 g Kokosraspeln
150 g Vollmilchjoghurt
100 g Sonnenblumenöl — Restliche Zutaten zugeben und **15 Sekunden / Stufe 6** mischen.

Eine Kastenform (30 cm) mit Backfolie auslegen oder mit Butter einfetten. Den Teig einfüllen.

Im vorgeheizten Backofen bei 180°C Ober-/Unterhitze auf mittlerer Schiene ca. 45 Minuten backen. Holzstäbchenprobe machen!

Auf einem Kuchengitter 10 Minuten abkühlen lassen. Danach die Kuchenoberfläche mit einem Holzspieß ca. 50x löchern. Den Kuchen mit dem Zitronensirup tränken.

Zitronensirup:

3 unbehandelte Zitronen — heiß abwaschen. 1 Zitrone in dünne Scheiben schneiden und in den Mixtopf geben.

Schale von 1 Zitrone — abreiben und zugeben.

Saft von 2 Zitronen — zugeben.

100 g heißes Wasser
10 g Zucker — zugeben und **8 Minuten / 100°C / Linkslauf / Stufe 1** kochen. Ohne Messbecher auf dem Deckel. Die Zitronenscheiben auf dem Kuchen zur Deko verteilen.

Nährwerte je 100 g: 283,21 kcal • 1185,86 KJ • 4,01 g Eiweiß • 16,69 g Fett • 28,78 g KH • 2,17 g Ballaststoffe • 2,40 BE

Zuckergusstorte

Den Backofen auf 170°C Ober-/Unterhitze vorheizen.

Rühraufsatz einsetzen!

5 Eiweiß 160 g Zucker 1 Pck. Vanillezucker	in den Mixtopf geben. **5 Minuten / 37°C / Stufe 4** steif schlagen.
5 Eigelb	zugeben und **10 Sekunden / Stufe 2** rühren.
90 g Weizenmehl Type 405 90 g Mondamin (Maisstärke) 1 gestr. EL Backpulver	zugeben und **10 Sekunden / Stufe 1** abwechselnd mit **Linkslauf** verrühren.

Runde Backform (ø 28 cm) mit Backfolien-Einleger (oder Backpapier) auslegen und den Teig gleichmäßig verteilen – zum Rand 1 cm höher als in der Mitte ziehen.

Im vorgeheizten Backofen ca. 35 Minuten auf mittlerer Schiene backen. Holzstäbchenprobe machen!

30 g Zucker	in den Mixtopf geben und **20 Sekunden / Stufe 10** pulverisieren.

Rühraufsatz einsetzen!

4 Eigelb 20 g heißes Wasser	zum Puderzucker geben und **3 Minuten / 37°C / Stufe 4** und weitere **3 Minuten / Stufe 4** rühren. Umfüllen!
400 g Butter, in Stücken	in den Mixtopf geben und **5 Sekunden / Stufe 5** rühren. Die schaumige Eigelbmasse langsam bei laufendem Messer auf **Stufe 4** durch die Deckelöffnung zugeben. Etwa 1/3 der geschlagenen Buttercreme für die Garnierung beiseite stellen.

1 TL Kakao

zu der restlichen Creme in den Mixtopf geben und **10 Sekunden / Stufe 3** mischen.

Den gebackenen Biskuitboden zweimal durchschneiden.

1 TL Rum

Die aufgeschnittenen Oberseiten von zwei der 3 Böden mit Rum beträufeln und mit der Kakaocreme bestreichen.

Alle drei Böden wieder aufeinanderlegen. Die Torte rundherum und den Deckel mit der hellen Buttercreme bestreichen.

200 g Puderzucker
3–4 EL warmes Wasser
10 Tröpfchen Zitronensaft
1 Fläschchen Buttervanillearoma
1 TL Rum

Alle Zutaten in ein Schüsselchen geben und mit einem Teelöffel glatt verrühren. ¾ der Zuckermasse auf die Oberseite der Torte streichen.

1 TL Kakao

zum restlichen Zuckerguss geben, gut verrühren und in einen kleinen Gefrierbeutel füllen. Eine kleine Ecke des Beutels abschneiden und Kreise auf den Guss spritzen. Mit einem Messer von innen nach außen der Gussoberfläche Striche ziehen!

Mit Schokostreuseln

den Tortenrand bestreuen.

Nährwerte je 100 g: 432,98 kcal • 1813,11 kJ • 4,42 g Eiweiß • 28,18 g Fett • 40,40 g KH • 1,08 g Ballaststoffe • 3,37 BE

Birnentorte

100 g Zartbitterschokolade 100 g Vollmilchschokolade	in Stücken in den Mixtopf geben. **5 Sekunden / Stufe 8** zerkleinern und **2 Minuten / 50°C / Stufe 2** erhitzen.
100 g Zwieback 30 g Butter	beide Zutaten in Stücken zugeben und **20 Sekunden / Stufe 5** vermischen.
	In einer mit Backpapier (Backfolie) ausgelegten runden Backform (ø 26 cm) verteilen, mit einem Löffel festdrücken und kalt stellen.
250 g heißes Wasser	in den Mixtopf füllen.
3 mittelgroße Birnen	schälen, vierteln, entkernen und in Spalten schneiden. Das Garkörbchen mit Alufolie auslegen und in den Mixtopf einsetzen. Die Birnenspalten hineinfüllen (s. Bild).
1 TL Vanillezucker	darüberstreuen.
80 g Roséwein	über die Birnen gießen, den Mixtopf verschließen und **10 Minuten / Garstufe / Stufe 2** dünsten. Birnen auskühlen und abtropfen lassen.
200 g Schlagsahne 1 Pck. Vanillezucker	in den Mixtopf geben und auf **Stufe 10** zu Sahne schlagen. Umfüllen.
100 g Marzipan	in Stücken in den Mixtopf geben. **5 Sekunden / Stufe 5** zerkleinern.

200 g Frischkäse 30 g Gelatine fix (Dr. Oetker)	zugeben und **30 Sekunden / Stufe 5** vermengen.
500 g Magerquark 1 Pck. Vanillezucker 60 g Zucker	zugeben und mit Hilfe des Spatels **10 Sekunden / Stufe 7** mischen.
Geschlagene Sahne	zugeben und **10 Sekunden / Stufe 3-4** unterrühren. Die Hälfte der Creme auf dem Zwiebackboden verteilen.
Gedünstete Birnenspalten	auf der Creme verteilen. Den Rest der Creme darüberstreichen.
50 g Mandelblättchen	in einer Pfanne rösten.
1 Birne	in dünne Spalten schneiden.
Mit Zitronenmelisseblättchen	und den Birnenspalten die Torte garnieren. Den Rand der Torte mit den gerösteten Mandelblättchen bestreuen.

Nährwerte je 100 g: 224,75 kcal • 942,01 KJ • 7,33 g Eiweiß • 13,39 g Fett • 18,44 g KH • 3,34 g Ballaststoffe • 1,53 BE

Schokobananen

Den Backofen auf 200°C Ober-/Unterhitze vorheizen.

Rührausatz einsetzen!

100 g Vollmilch
10 g Rohrzucker
10 g Vanillepuddingpulver
1 Eigelb

in den Mixtopf geben. **4 Minuten / 100°C / Stufe 2** kochen. Umfüllen und mit Frischhaltefolie bedeckt abkühlen lassen.

80 g Butter, in Stücken
40 g Schokocreme (z. B. Nutella)
den abgekühlten Pudding

in den Mixtopf geben und **5 Sekunden / Stufe 5** mischen. Mit dem Spatel alles nach unten schieben und nochmals **10 Sekunden / Stufe 4** mischen. Umfüllen.

40 g Mandeln

in den Mixtopf geben und **8 Sekunden / Stufe 9** zerkleinern.

100 g Marzipanrohmasse
1 Eiweiß
220 g Weizenmehl Type 550
1 Prise Salz
120 g Butter
1 Ei, Größe M
20 g Rohrzucker
1 TL Backpulver

Restliche Zutaten für den Teig zugeben. **10 Sekunden / Stufe 6** mischen. Von Hand schnell zusammenkneten und in Frischhaltefolie eingeschlagen 1 Stunde kalt stellen.

	Aus dem Teig auf einer Arbeitsmatte zwölf 2-cm Rollen formen, etwas flach drücken und in Bananenform biegen. Auf ein mit Backpapier belegtes Backblech legen.
	Im vorgeheizten Backofen bei 200°C Ober-/Unterhitze ca. 12 Minuten backen.
400 g dunkle Schokoglasur	Den Beutel in heißes Wasser (zum flüssig werden) stellen.
6 Bananen	längs halbieren.
	Die Buttercreme auf die gebackenen Bananenböden streichen und jeweils mit einer Bananenhälfte belegen.
	Mit der flüssigen Schokoladenglasur überziehen.
Gehackte Pistazien oder Mandeln	solange die Glasur noch flüssig ist nach Belieben darüberstreuen. Auf einem Kuchengitter fest werden lassen.

Nährwerte je 100 g: 317,13 kcal • 1327,73 KJ • 5,55 g Eiweiß • 17,78 g Fett • 33,63 g KH • 3,98 g Ballaststoffe • 2,80 BE

Erdbeer-Baumkuchentorte

	Den Backofen auf 230°C Ober-/Unterhitze vorheizen.
160 g weiche Butter	in Stücken in den Mixtopf geben.
100 g Zucker 100 g Marzipanrohmasse 3 Eier, Größe M	zugeben. **40 Sekunden / Stufe 5** mischen.
100 g Weizenmehl Type 405 80 g Speisestärke 1 geh. TL Backpulver 60 g Milch	in den Mixtopf abwiegen. **40 Sekunden / Knetstufe** vermischen.
	Den Boden einer Springform (24 cm) mit Backpapier auslegen und 4 EL Teig darauf glatt streichen.
	Im vorgeheizten Ofen bei 230°C Ober-/Unterhitze auf oberster Schiene in ca. 4 Minuten goldbraun backen. Weitere Schichten aus jeweils 4 EL Teig nacheinander backen, bis der Teig aufgebraucht ist.
	Dann den Boden aus der Form lösen, auf ein Kuchengitter stürzen und abkühlen lassen. Backpapier abziehen.
½ Liter Wasser	in eine Schüssel füllen.
6 weiße Gelatineblätter	nacheinander in die Schüssel Wasser legen und mindestens 10 Minuten quellen lassen.
200 g Schlagsahne	im kalten, sauberen Mixtopf auf **Stufe 10** steif schlagen. Umfüllen und kalt stellen.

Nährwerte je 100 g: 256,93 kcal • 1076,02 KJ • 4,58 g Eiweiß • 16,69 g Fett • 22,06 g KH • 1,31 g Ballaststoffe • 1,84 BE

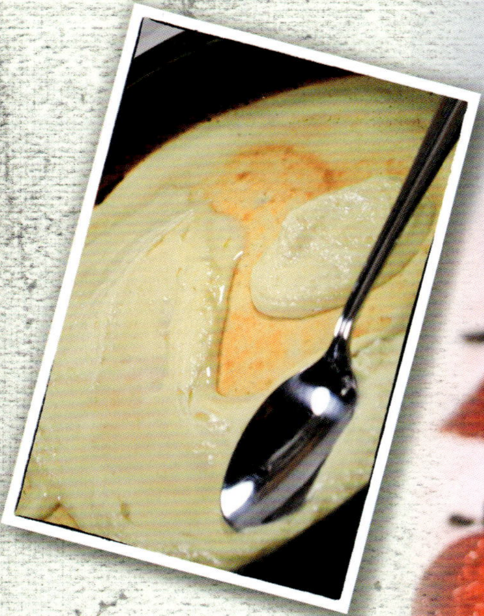

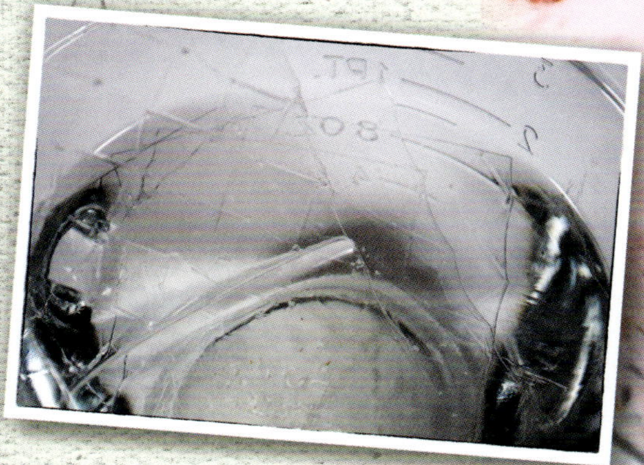

	Den gebackenen Kuchenboden wieder in die Backform legen.
3 EL Erdbeerkonfitüre	Den Kuchenboden mit der Konfitüre bestreichen.
2 EL Zitronensaft	in den Mixtopf geben. Gelatineblätter ausdrücken und zugeben. **1 Minute / 37°C / Stufe 2** erhitzen.
500 g Erdbeeren	waschen, putzen und auf Küchenpapier trocknen.
Davon 350 g	in den Mixtopf geben.
150 g Naturjoghurt 200 g Frischkäse 70 g Zucker	zugeben und **10 Sekunden / Stufe 5** vermischen.
Geschlagene Sahne	von Hand unterheben. Den Rühraufsatz einsetzen! **20 Sekunden / Stufe 2** unterrühren. Die Masse in die Springform füllen, verstreichen und mit den restlichen Erdbeeren garnieren.
	Die Torte mindestens 2 Stunden kalt stellen.

Himbeertorte

Den Backofen auf 180°C Ober-/Unterhitze vorheizen.

Rühraufsatz in den Mixtopf einsetzen!

3 Eiweiß
80 g Zucker
1 Pck. Vanillezucker
1 Prise Salz

in den Mixtopf geben und **3 Minuten / 37°C / Stufe 4** schaumig schlagen.

3 Eigelb

zugeben und **10 Sekunden / Stufe 2** unterrühren.

80 g Weizenmehl Type 405
40 g Maisstärke
½ gestr. TL Backpulver

zugeben und **15 Sekunden / abwechselnd Linkslauf / Stufe 2** unterrühren. Runde Springform (ø 26 cm) mit Backfolien-Einleger (oder Backpapier) auslegen und den Teig gleichmäßig verteilen. Zum Rand etwas höher verstreichen.

Im vorgeheizten Backofen 180°C (Ober-/Unterhitze) ca. 25 Minuten auf mittlerer Schiene backen. Holzstäbchenprobe machen!

Den Biskuitboden auf ein Gitter stellen. Die Backfolie entfernen. Auskühlen lassen. Den Mixtopf säubern.

In eine Schüssel ½ Liter Wasser geben.

6 weiße Gelatineblätter

nacheinander in die Schüssel legen und mindestens 10 Minuten quellen lassen.

400 g Sahne

im kalten sauberen Mixtopf auf **Stufe 10** steif schlagen. Umfüllen und kalt stellen. Den Mixtopf säubern.

10 g Zitronensaft
40 g Cassislikör

in den Mixtopf geben. Eingeweichte Gelatineblätter ausdrücken und zugeben. **2 Minuten / 37°C / Stufe 2** erhitzen.

250 g Himbeeren

zugeben und **5 Sekunden / Stufe 5** zerkleinern.

250 g Magerquark
50 g Zucker
1 Päckchen Vanillezucker

in den Mixtopf zu den Himbeeren geben. **20 Sekunden / Stufe 4** vermischen.

Geschlagene Sahne (s. oben)

mit dem Spatel vorsichtig unter die Quarkmasse unterheben.

Den Biskuitboden 1x durchschneiden. Die untere Hälfte wieder in die Springform legen. Die Hälfte der Creme auf dem Boden verteilen.

300 g Himbeeren

putzen und die Hälfte der Früchte auf der Creme verteilen und mit ¾ der restlichen Creme bedecken. Die zweite Hälfte des Biskuits auflegen und mit der restlichen Creme bestreichen.

Die Torte mit den übrigen Himbeeren garnieren. Mindestens 2 Stunden kalt stellen.

Mit 6 Minzeblättchen

dekorieren.

Nährwerte je 100 g: 175,52 kcal • 735,38 kJ • 5,13 g Eiweiß • 8,35 g Fett • 18,28 g KH • 2,45 g Ballaststoffe • 1,52 BE

Schokoladentorte

Den Backofen auf 170°C Ober-/Unterhitze vorheizen.

180 g Butter, in Stücken

in den Mixtopf geben und **3 Sekunden / Stufe 5** rühren. **3 Minuten / 37°C / Stufe 3** erwärmen und umfüllen. Den Mixtopf säubern.

150 g Dinkelmehl Type 630
40 g Maisstärke
1 gestr. EL Backpulver
2 Prisen Salz
50 g Kakao

in eine Schüssel abwiegen und mit einem Löffel vermischen.

Rühraufsatz einsetzen!

4 Eier, Größe M
250 g Rohrzucker

in den Mixtopf geben. **6 Minuten / 37°C / Stufe 3** rühren.

Flüssige Butter

bei laufendem Messer / **Stufe 3** durch die Deckelöffnung zugeben.

Abgewogene Zutaten

in den Mixtopf hineinsieben und **15 Sekunden / Stufe 1** abwechselnd **mit Linkslauf** rühren.

Eine runde Backform (ø 26 cm) mit einem Backfolieneinleger (oder mit Backpapier) auslegen. Den Teig in die Form verteilen, zum Rand etwas höher verstreichen.

Im vorgeheizten Backofen bei 170°C Ober-/Unterhitze ca. 35 Minuten auf mittlerer Schiene backen. Holzstäbchenprobe machen!

Nährwerte je 100 g: 412,79 kcal • 1728,94 KJ • 6,02 g Eiweiß • 23,49 g Fett • 44,23 g KH • 2,39 g Ballaststoffe • 3,69 BE

	Aus dem Ofen nehmen, in der Form belassen und sofort mit
30 g Orangenmarmelade	bestreichen. In der Backform 15 Minuten abkühlen lassen.
	Vorsichtig aus der Form lösen und auf einem Gitter ganz auskühlen lassen.
200 g dunkle Vollmilchschokolade	in den Mixtopf geben und **5 Sekunden / Stufe 8** zerkleinern.
100 g Schlagsahne 10 g Orangenlikör	zugeben und **2 Minuten / 50°C / Stufe 2** erwärmen.
	Die Schokoladenmasse über die Torte verteilen und ca. 2 Stunden fest werden lassen.
Mit Schokospänen	verzieren. Nach Belieben mit Kakao bestäuben!

Orangentorte

300 g Schlagsahne	in den kalten Mixtopf geben und auf **Stufe 10** steifschlagen. Umfüllen und kalt stellen.
200 g weiße Crispschokolade	in Stücken in den Mixtopf geben. **4 Sekunden / Stufe 6** zerkleinern. Dann **2 ½ Minuten / 60°C / Stufe 1** erwärmen.
110 g Zwieback	in Stücken zugeben. **10 Sekunden / Stufe 5** mischen. Die Masse in eine Springform (ø 26 cm) drücken.
½ Liter Wasser	in eine Schüssel geben.
8 weiße Gelatineblätter	nacheinander in die Schüssel legen und mindestens 10 Minuten quellen lassen.
10 g Zitronensaft	in den Mixtopf geben. Gelatineblätter ausdrücken und zugeben. **1 Minute / 37°C / Stufe 2** erhitzen.
500 g Magerquark 100 g Orangensaft 40 g Orangenlikör 60 g Rohrzucker 2 Pck. Vanillezucker	Restliche Zutaten in den Mixtopf zugeben und **15 Sekunden / Stufe 4** vermischen.
Geschlagene Sahne (s. oben)	von Hand unterheben. Die Masse auf dem Tortenboden verteilen.
250 g Orangensaft 1 Pck. klarer Tortenguss 10 g Rohrzucker	in den Mixtopf geben und **5 Sekunden / Stufe 4** mischen. Dann **3 Minuten / 90°C / Stufe 2** erhitzen. 2 Minuten abkühlen lassen.
Orangenscheiben	auf der Creme verteilen. Guss darüber verteilen.
	Mindestens 2 Stunden kalt stellen.

Nährwerte je 100 g: 185,50 kcal • 776,95 kJ • 5,85 g Eiweiß • 8,17 g Fett • 20,90 g KH • 0,70 g Ballaststoffe • 1,74 BE

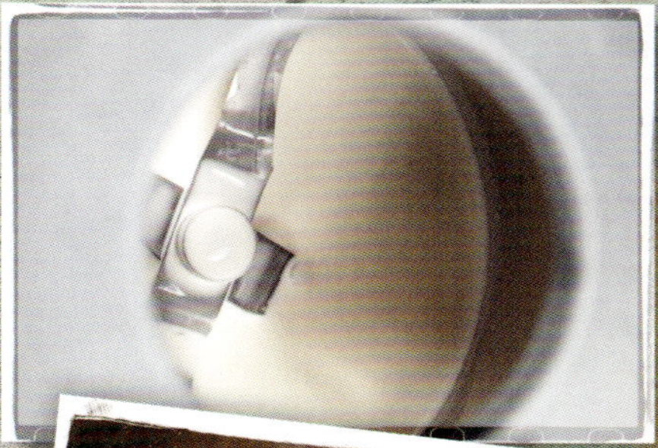

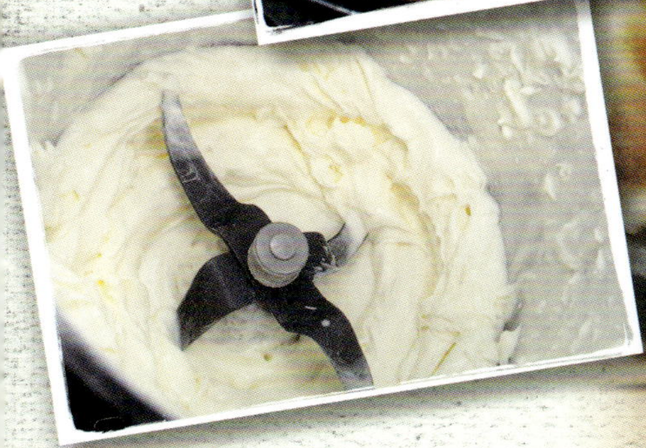

Schoko-Cookies

Den Backofen auf 180°C Ober-/Unterhitze vorheizen.

200 g Zartbitterschokolade

in den Mixtopf geben und **5 Sekunden / Stufe 5** zerkleinern.

150 g Butter, in Stücken
1 Ei, Größe M
50 g Zucker
200 g Weizenmehl Type 405
1 Prise Salz
1 TL Backpulver

Die restlichen Zutaten zugeben. **8 Sekunden / Stufe 6** vermischen.

Zu einer Rolle formen und knapp ½ cm dicke Scheiben abschneiden.

Im vorgeheizten Backofen bei 180°C Ober-/Unterhitze ca. 12 Minuten backen.

Nährwerte je 100 g: 472,91 kcal • 1980,44 KJ • 6,35 g Eiweiß • 30,63 g Fett
43,44 g KH • 4,87 g Ballaststoffe • 3,62 BE

Marzipanschnecken

Den Backofen auf 180°C Ober-/Unterhitze vorheizen.

Marzipancreme:

25 g ungesalzene Pistazien	in den Mixtopf geben und **5 Sekunden / Stufe 8** zerkleinern.
200 g Marzipan, in Stücken 1 Eiweiß	in den Mixtopf zugeben und **5 Sekunden / Stufe 5** vermischen. Umfüllen!
80 g Mandeln	in den Mixtopf geben und **5 Sekunden / Stufe 8** zerkleinern.
210 g Weizenmehl Type 405 50 g Rohrzucker 1 Pck. Bourbon -Vanillezucker 150 g Butter, kalt in Stücken 1 ganzes Ei, Größe M 1 Eigelb 1 Prise Salz	Restliche Zutaten zugeben und **15 Sekunden / Stufe 6** vermischen. Den Teig auf eine Arbeitsmatte umfüllen und von Hand mit Mehl zu einer Kugel formen. 1 Stunde kalt stellen.
	Den Teig zu einem Rechteck ½ cm dick auswellen und mit Marzipancreme bestreichen.
15 g Pistazienstücke	über die Creme streuen. Von der langen Seite her aufrollen und in knapp 1 cm dicke Scheiben schneiden.
	Im vorgeheizten Backofen bei 180°C Ober-/Unterhitze auf mittlerer Schiene ca. 12 Minuten backen.

Nährwerte je 100 g: 473,59 kcal • 1982,51 KJ • 9,75 Eiweiß • 33,04 g Fett • 33,94 g KH • 5,40 g Ballaststoffe • 2,91 BE

Mandeltannen

100 g geschälte Mandeln	in den Mixtopf geben und **5 Sekunden / Stufe 8** zerkleinern. Umfüllen!
200 g Mandeln	in den Mixtopf geben und **5 Sekunden / Stufe 8** zerkleinern.
300 g Weizenmehl Type 405 ½ Pck. Backpulver 80 g Rohrzucker 1 Ei, Größe M 10 g Orangenlikör 200 g Butter, in Stückchen	Restliche Zutaten zugeben und mit Hilfe des Spatels **15 Sekunden / Stufe 6** mischen.
	Auf eine Arbeitsmatte umfüllen und mit Mehl schnell zu einer Kugel formen. In einer Frischhaltefolie mind. 1 Stunde kalt stellen.
	In der Zwischenzeit den Backofen auf 180°C Ober-/Unterhitze vorheizen.
	Auf dem Backblech mit Backpapier zu einem Viereck ½ cm dick auswellen.
	Im vorgeheizten Backofen bei 180°C auf mittlerer Schiene 13 Minuten backen. Dann das Blech herausnehmen.
4 Eiweiß 100 g Rohrzucker	mit dem Rühraufsatz **4 Minuten / 37°C / Stufe 4** steif schlagen.
50 g Weizenmehl Type 405	einsieben,
zerkleinerte Mandeln (s. oben)	zugeben und **15 Sekunden / Stufe 2** unterrühren. Von Hand mit dem Spatel evtl. Reste unterheben.
100 g Orangenmarmelade	auf die Teigplatte streichen.
	Die Mandelmasse darauf verteilen.
	Nochmals bei 160°C auf mittlerer Schiene ca. 20 Minuten backen. Aus dem Ofen nehmen, etwas abkühlen lassen und Tannenbäumchen ausstechen.

Nährwerte je 100 g: 429,28 kcal • 1796,72 KJ • 8,61 g Eiweiß • 26,38 g Fett • 39,39 g KH • 4,71 g Ballaststoffe • 3,28 BE

Nusslebkuchen

	Den Backofen auf 200°C Ober-/Unterhitze vorheizen.
100 g Walnüsse	in den Mixtopf geben. **5 Sekunden / Stufe 4** zerkleinern. Umfüllen.
150 g Zartbitterschokolade	in den Mixtopf geben. **5 Sekunden / Stufe 7** zerkleinern. Zu den Nüssen geben.
150 g Butter 4 Eier, Größe M 2 Pck. Vanillezucker	in den Mixtopf geben und **3 Minuten / 37°C / Stufe 5** schaumig rühren.
350 g Weizenmehl Type 405 150 g Honig 10 g Kakao 1 Pck. Weinsteinbackpulver 2 TL Lebkuchengewürz zerkleinerte Nüsse + Schokolade	Restliche Zutaten zugeben. **12 Sekunden / Stufe 6** mit Hilfe des Spatels vermischen.
	Die Masse auf ein Backblech (mit Backfolie oder Backpapier) streichen.
	Im vorgeheizten Backofen bei 200°C auf mittlerer Schiene ca. 20 Minuten backen.
	Noch warm in Würfel schneiden.
200 g dunkle Vollmilchschokolade	in den Mixtopf geben und **5 Sekunden / Stufe 8** zerkleinern.
100 g Schlagsahne	zugeben und **2 Minuten / 50°C / Stufe 2** erwärmen und somit eigene Schokoladenkuvertüre herstellen. Die geschnittenen Lebkuchen mit der Schokolade bestreichen und einzeln auf einem Kuchengitter fest werden lassen.

Nährwerte je 100 g: 417,81 kcal • 1749,71 KJ • 7,68 g Eiweiß • 25,18 g Fett • 40,38 g KH • 3,13 g Ballaststoffe • 3,37 BE

Springerle

Rühraufsatz in den Mixtopf einsetzen!

3 Eiweiß
150 g Rohrzucker

in den Mixtopf geben und **5 Minuten / 37°C / Stufe 4** steif schlagen.

3 Eigelb

zugeben und **10 Sekunden / Stufe 2** rühren. Rühraufsatz entfernen!

400 g Weizenmehl Type 405
Schale von 1 Bio-Zitrone
2 Prisen Hirschhornsalz

Das Mehl einsieben, mit Zitronenschale und Hirschhornsalz **1 Minute / Knetstufe** vermengen. Den Teig auf eine Arbeitsmatte umfüllen und mit etwas Mehl zu einer Kugel formen, in Frischhaltefolie einschlagen und 1 Stunde kalt stellen.

Auf bemehlter Arbeitsmatte eine knapp 1 cm dicke Platte ausrollen. Die Oberfläche mit Anissamen und Lavendelblüten bestreuen. Leicht mit Mehl bestäuben.

Springerleformen auflegen, ausschneiden und andrücken. Die Springerle auf einem mit Backfolie ausgelegten Backblech über Nacht antrocknen lassen.

<u>Am nächsten Tag:</u>

Den Backofen auf 120°C Ober-/Unterhitze vorheizen.

Im vorgeheizten Backofen bei 120°C auf mittlerer Schiene 30 Minuten backen.

Die Springerle mindestens 3 Wochen vor Verzehr backen. In einer verschlossenen Keramikdose ziehen lassen.

Nährwerte je 100 g: 314,46 kcal • 1315,41 KJ • 8,41 g Eiweiß • 2,95 g Fett • 62,52 g KH • 2,32 g Ballaststoffe • 5,21 BE

Tee-Cookies

(ca. 48 Stück)

Den Backofen auf 180°C Ober-/Unterhitze vorheizen.

60 g gehackte Mandeln
60 g Kürbiskerne

in den Mixtopf geben und **5 Sekunden / Stufe 9** zerkleinern.

100 g Butter, in Stücken
1 Ei, Größe M
1 Eiweiß
70 g Rohrzucker
½ TL Matchapulver (Grünteesorte)
55 g Weizenmehl Type 405
1 Prise Salz

Restliche Zutaten zugeben. **8 Sekunden / Stufe 6** mischen.

Je 1 gestrichenen TL Teig in die Mulden der Mini-Muffinsform geben.

1 EL getrocknete Cranberries

von Hand in Stückchen schneiden und darüberstreuen.

Im vorgeheizten Backofen bei 180°C Ober-/Unterhitze ca. 10 Minuten goldbraun backen.

Nährwerte je 100 g: 470,56 kcal • 1970,59 KJ • 9,67 g Eiweiß • 34,83 g Fett
30,29 g KH • 4,21 g Ballaststoffe • 2,30 BE

Nusskekse

	Den Backofen auf 220°C Ober-/Unterhitze vorheizen.
250 g Walnüsse	in den Mixtopf geben. **5 Sekunden / Stufe 9** zerkleinern. In eine Schüssel umfüllen.
100 g weiße Crisp-Schokolade	in den Mixtopf geben. **5 Sekunden / Stufe 7** zerkleinern. Zu den Nüssen geben. Den Mixtopf fettfrei säubern!
60 g Rohrzucker	in den Mixtopf geben. Den Rühraufsatz einsetzen!
2 Eiweiß	zugeben und **3 Minuten / 37°C / Stufe 4** steif schlagen. Rühraufsatz entfernen.
10 g Kirschwasser 1 Prise Nelken zerkleinerte Schokolade + Nüsse	Restliche Zutaten zugeben und **20 Sekunden / Knetstufe** vermischen.
	Mit einem kleinen Eisportionierer Kugeln auf ein Backblech (mit Backfolie oder Backpapier) setzen.
Je 1 Walnussstück	in die Mitte setzen.
	Im vorgeheizten Backofen bei 220°C Ober-/Unterhitze auf mittlerer Schiene ca. 8 Minuten backen.

Nährwerte je 100 g: 555,90 kcal • 2326,39 KJ • 11,17 g Eiweiß • 45,56 g Fett • 26,47 g KH • 4,00 g Ballaststoffe • 2,21 BE

Herzchen

Den Backofen auf 180°C Ober-/Unterhitze vorheizen.

100 g Mandeln — in den Mixtopf geben und **5 Sekunden / Stufe 8** zerkleinern.

350 g Weizenmehl Type 405
100 g Rohrzucker
1 Pck. Bourbon-Vanillezucker
200 g Butter, kalt in Stücken
1 Ei, Größe M
2 gestr. TL Backpulver — Restliche Zutaten zugeben und **18 Sekunden / Stufe 6** vermischen. Teig auf die Arbeitsmatte geben und mit Mehl schnell zu einer Kugel formen. 1 Stunde kalt stellen.

Den Teig ½ cm dick auswellen und Herzen ausstechen.

Im vorgeheizten Backofen bei 180°C auf mittlerer Schiene ca. 11 Minuten backen.

20 g Zucker — in den Mixtopf geben und **10 Sekunden / Stufe 10** pulverisieren.

200 g Marzipan
3 TL Himbeerpulver — zugeben. **5 Sekunden / Stufe 5** vermischen. Von Hand zusammenkneten und auf einer Frischhaltefolie zu einer dünnen Platte ausrollen. Etwas kleinere Herzen als die Teigherzen ausstechen.

Himbeermarmelade — Die Unterseite der Marzipanherzen mit Marmelade bestreichen und jeweils auf das Keksherz setzen. Leicht andrücken.

Mit Puderzucker — bestäuben.

Info: Himbeerpulver kann man im Internet kaufen oder selber nach Rezept aus dem Buch „Geschenke aus dem Thermomix" herstellen.

Nährwerte je 100 g: 444,94 kcal • 1862,44 kJ • 7,31 g Eiweiß • 25,40 g Fett • 46,74 g KH • 4,44 g Ballaststoffe • 3,90 BE

Nougattaler

100 g Mandeln	in den Mixtopf geben und **10 Sekunden / Stufe 9** zerkleinern.
200 g weiche Butter 120 g Zucker 2 Pck. Vanillezucker 4 Eigelb	zugeben und **30 Sekunden / Stufe 4** rühren.
300 g Weizenmehl Type 405	zugeben und **15 Sekunden / Stufe 6** mit Hilfe des Spatels verrühren.
	Den Teig von Hand kurz zusammenkneten und 1 Stunde zugedeckt im Kühlschrank ruhen lassen.
	In der Zwischenzeit den Backofen auf 200°C Ober-/Unterhitze vorheizen.
	Den Teig ½ cm dick auswellen und Kreise (ø 4 cm) ausstechen.
	Im vorgeheizten Backofen ca. 12 Minuten bei 200°C Ober-/Unterhitze backen.
200 g Nougatmasse 50 g Sahne	in den Mixtopf geben und **5 Sekunden / Stufe 5** mischen.
	Jeweils 1 Taler mit der Nougatcreme bestreichen und einen zweiten Taler aufsetzen.
200 g dunkle Vollmilchschokolade	in den Mixtopf geben und **5 Sekunden / Stufe 8** zerkleinern.
90 g Schlagsahne	zugeben und **2 Minuten / 50°C / Stufe 2** erwärmen.
	Die Taler mit der Schokolade überziehen.
Mit gehackten Pistazien	bestreuen. Auf einem Kuchengitter fest werden lassen.

Nährwerte je 100 g: 474,23 kcal • 1985,80 KJ • 7,54 g Eiweiß • 31,35 g Fett
41,00 g KH • 3,40 g Ballaststoffe • 3,42 BE

Orangenschnitten

Den Backofen auf 200°C Ober-/Unterhitze vorheizen.

300 g Weizenmehl Type 405
60 g Rohrzucker
1 TL Weinsteinbackpulver
Schale von ½ Bio-Orange
120 g Butter, in Stücken
1 Ei, Größe M

Alle Zutaten in den Mixtopf geben und **10 Sekunden / Stufe 6** rühren. Den Teig halbieren und in gleich große Platten (15 x18 cm) auswellen.

<u>Mandelmasse:</u>

150 g Mandeln, geschält
Schale von ½ Bio-Orange
1 Ei, Größe M

in den Mixtopf geben. **5 Sekunden / Stufe 7** zerkleinern. Mit dem Spatel alle Stückchen nach unten schieben und **3 Sekunden / Stufe 6** mischen.

Eine Teigplatte mit der Mandelmasse bestreichen. Die zweite Platte auflegen und auswellen bis die Größe von 22 x 26 cm erreicht ist. Mit einem Holzspieß mehrmals einstechen. Auf ein mit Backfolie ausgelegtes Backblech legen.

Im vorgeheizten Backofen bei 200°C Ober-/Unterhitze ca. 15 Minuten backen.

Noch heiß in Dreiecke schneiden und mit Zuckerguss überziehen.

200 g Puderzucker
3-4 EL warmes Wasser
1 TL Zitronensaft + 1 TL Orangenlikör

Alle Zutaten in ein Schüsselchen geben und glatt verrühren.

Mit Orangenzesten bestreuen!

Nährwerte je 100 g: 412,73 kcal • 1727,72 KJ • 7,36 g Eiweiß • 20,31 g Fett • 49,85 g KH • 3,62 g Ballaststoffe • 4,16 BE

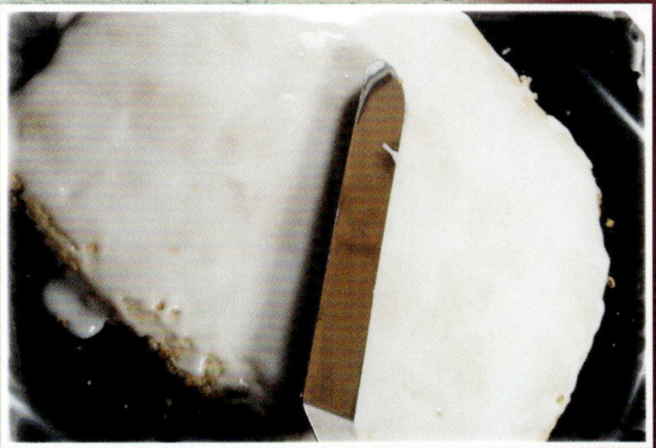

Grüntee-Cookies

(ca. 35 Stück)

Den Backofen auf 180°C Ober-/Unterhitze vorheizen.

150 g geschälte Mandeln

in den Mixtopf geben und **5 Sekunden / Stufe 7** zerkleinern.

150 g Butter, in Stücken
1 Ei, Größe M (45 g)
80 g Rohrzucker
2 TL Grünteepulver (z.B. Matcha)
200 g Weizenmehl Type 405
1 TL Backpulver
1 Prise Salz

Restliche Zutaten zugeben. **15 Sekunden / Stufe 6** mischen.

Auf der Arbeitsmatte von Hand kurz durchkneten und zu einer Rolle von 5 cm Durchmesser formen.

30 g gehackte Mandeln
20 g Rohrzucker

in den nicht gesäuberten Mixtopf geben und **5 Sekunden / Stufe 5-6** zerkleinern. Auf die Arbeitsmatte streuen und die Rolle darin wälzen. In knapp 1 cm-dicke Scheiben schneiden.

Im vorgeheizten Backofen bei 180°C Ober-/Unterhitze ca. 10 Minuten backen.

Nährwerte je 100 g: 482,32 kcal • 2018,62 KJ • 9,24 g Eiweiß • 33,73 g Fett
36,08 g KH • 5,98 g Ballaststoffe • 3,01 BE

Index

M

N

O

P

Indexverzeichnis

Möchten Sie weitere Bücher von der Keller Verlagsbuchhandlung kennenlernen?

BACKEN, RÜHREN, MIXEN
Ein sehr umfangreiches Backbuch mit 120 Rezepten. Inclusive Weihnachtsbäckerei ist alles dabei.
Best.-Nr. 001 • Preis € 12,-

KOCHEN, RÜHREN, MIXEN TEIL 1
Unser Grundkochbuch für die TM21-Benutzer. Alle wichtigsten Rezepte für den Anfang.
Best.-Nr. 002 • Preis € 12,-

KOCHEN, RÜHREN, MIXEN TEIL 2
Der zweite Band von unserem Grundkochbuch für die TM21-Benutzer. Rezepte für den Anfang.
Best.-Nr. 003 • Preis € 12,-

FRISCHE KÜCHE
Hier Ausgabe für TM21. Schnelle, leichte und gemüsereiche Kost. Viele Rezepte für den Garaufsatz.
Best.-Nr. 017 • Preis € 12,-

KOCHEN, DÜNSTEN, GAREN
Rezeptbuch für den Garaufsatz. Komplette Menüs, viele Suppen, Soßen, Aufläufe und Hauptgerichte.
Best.-Nr. 004 • Preis € 12,-

GETRÄNKE & BROTAUFSTRICHE
50 alkoholfreie Getränke, 50 süße und herzhafte Aufstriche. Zum Selbermachen.
Best.-Nr. 005 • Preis € 12,-

RICHTIG TRENNEN
Ein Trennkostbuch für TM21-Benutzer. 111 erprobte Rezepte mit Nährwerten und Trennkost-Kennzeichnung.
Best.-Nr. 006 • Preis € 12,-

JAHRESZEITEN
Hier Ausgabe für den TM21. Kochen mit den Jahreszeiten. Mit den jahreszeitüblichen Zutaten.
Best.-Nr. 018 • Preis € 12,-

FLEISCHLOSE TAGE TEIL 1
100 Vollwertrezepte mit Nährwertangaben. Bratlinge, vollwertiges Frühstück, Vollwertbäckerei, Suppen und Hauptgerichte.
Best.-Nr. 007 • Preis € 12,-

FLEISCHLOSE TAGE TEIL 2
Kochbuch für Allergiker. Glutenfreie Rezepte, mit Reis, Mais und Buchweizen. Und für Milcheiweißallergiker Rezepte mit Tofu und Soja.
Best.-Nr. 008 • Preis € 12,-

TORTENBUCH
100 erprobte Tortenrezepte, Schritt für Schritt geschrieben, dass alles sicher gelingt. Zaubern Sie perfekte Torte zu jedem Anlass.
Best.-Nr. 009 • Preis € 12,-

TM21

Nützliche Küchenhelfer ☞

BUCHSTÄNDER
Mit diesem Ständer steht Ihr Kochbuch direkt auf dem Arbeitsplatz und die Seiten sind gut geschützt.

BESCHICHTETE BACKFORMEN
Ideal zum Abbacken knuspriger Brötchen und Baguettes.

PIZZASTEIN MIT SCHNEIDEMESSER
Zum Backen von Pizza (frisch oder gefroren), Brot und Brötchen oder Kuchen. 32 cm groß und mit Griffen zum Servieren.

Besuchen Sie unseren Shop im Internet auf www.tm-kochbuch.de

Möchten Sie weitere Bücher von der Keller Verlagsbuchhandlung kennenlernen?

BLECH- U. RÜHRKUCHEN
Die schnellsten Kuchen. 50 Rezepte für Blechkuchen und 50 Rezepte für Rührkuchen.
Best.-Nr. 010 • Preis € 12,-

KOCHSCHULE 1
Das richtige Buch für TM-Anfänger. Große Vielfalt an Rezepten der täglichen Küche.
Best.-Nr. 011 • Preis € 13,50

KOCHSCHULE 2
Hier der zweite Band. Unkomplizierte, schnelle Rezepte.
Best.-Nr. 012 • Preis € 13,50

KOCHSCHULE 3
Der dritte Band. Unkomplizierte, bodenständige Rezepte.
Best.-Nr. 024 • Preis € 16,50
BUCH MIT FOTOS!

GESCHENKE
Geschenke für Ihre Liebsten aus dem Thermomix - gekocht und gebacken.
Best.-Nr. 026 • Preis € 15,50
BUCH MIT FOTOS!

JAHRESZEITEN
Kochen mit den Jahreszeiten. Mit den jahreszeitüblichen Zutaten.
Best.-Nr. 015 • Preis € 13,50

LEICHTE KÜCHE
Rezepte, die nichts am Genuss einbüßen und obendrein gesund sind.
Best.-Nr. 020 • Preis € 16,50
BUCH MIT FOTOS!

SCHNELLE KÜCHE
Gerichte, die man im Handumdrehen zubereiten kann. Tägliche, unkomplizierte Küche.
Best.-Nr. 021 • Preis € 16,50
BUCH MIT FOTOS!

FRISCHE KÜCHE
Schnelle, leichte und gemüsereiche Kost. Viele Rezepte für den Garaufsatz.
Best.-Nr. 014 • Preis € 13,50

NEUE BACKIDEEN
Großes Backbuch, von Brötchen über Muffins bis zur Weihnachtsbäckerei, herzhaft und süß.
Best.-Nr. 027 • Preis € 18,50
BUCH MIT FOTOS UND SCHRITTBILDERN

URLAUBSKÜCHE 1
Rezepte zum Träumen. Das Feeling von Sonne und Meer zu Hause zum Nachkochen.
Best.-Nr. 022 • Preis € 16,50
BUCH MIT FOTOS!

URLAUBSKÜCHE 2
Fernöstliche Leckereien aus Ihrem Thermomix. Süß, sauer und gerne auch scharf.
Best.-Nr. 023 • Preis € 16,50
BUCH MIT FOTOS!

HEUTE OHNE FLEISCH
Backen und Kochen ohne Fleisch. Mit Obst und Gemüse, leicht und lecker durch den Tag.
Best.-Nr. 025 • Preis € 16,50
BUCH MIT FOTOS!

SÜSSES BACKWERK
Ein Standardwerk mit Grundrezepten für alle gängigen Teige. Obstkuchen, Apfelkuchen, herzhaftes Gebäck uvm.
Best.-Nr. 013 • Preis € 12,-

TM31

Besuchen Sie unseren Shop im Internet auf www.tm-kochbuch.de

Neues Kochbuch
Neue Backideen

In unseren Rezepten finden Sie alle nötigen Informationen.

Ringbuch,
160 Seiten mit
Fotos und Schrittbildern,
Preis 18,50 €

ISBN 978-3-942777-09-4

Übersichtlicher Schritt-für-Schritt Rezeptaufbau

Angabe der Zeit, Stufe und Temperatur

Nährwert- und Energiewerte

- Sie finden in diesem Buch eine Vielfalt an neuen Backideen und Anregungen für Brot, Brötchen, herzhaftes Gebäck, pikante und süße Muffins, Kuchen und Torten sowie süßes Weihnachtsgebäck.
- Rezepte sind mehrmals erprobt und mit viel Hingabe zum Detail von Gabi Wolpensinger fotografiert.
- Größeres Format 21 x 21 cm, damit mehr Bilder und Schrittbilder einen Platz finden.
- Alle Rezepte beinhalten die notwendigen Arbeitsangaben, wie Zeit, Temperatur und Stufe.

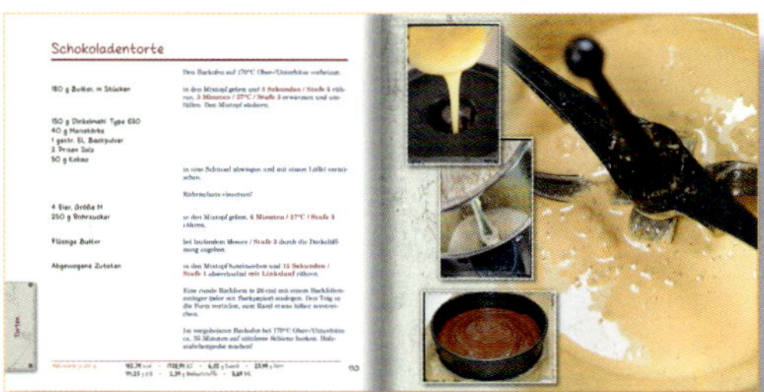

Das bieten wir an:

- Kochbücher für Thermomix® TM31 oder TM21.
- In den Rezepten sind alle notwendige Angaben für die Zubereitung im Thermomix angegeben (Stufe, Temperatur und Zeit).
- Alle Bücher sind als praktisches Ringbuch im A5-Format oder im Format 21 x 21 cm gebunden und lassen sich dank der stabilen Spiralbindung um 360° umklappen.
- Viele Bücher beinhalten Nährwerte, damit Sie die Punkte mit dem Kalkulator selbst ausrechnen können.
- Die neuesten Bücher haben hochwertige Fotos zu jedem Rezept.
- Inhaltsverzeichnisse und Musterseiten zum Blättern in unserem Internetshop.

DAUERBACKFOLIEN UND BACKFORMEN-EINLEGER

Wiederverwendbare Backfolien - braun, schwarz und silber mit unterschiedlichen Backeigenschaften.

KÜCHENHILFEN AUS SILIKON

Wir bieten viele Küchenhilen aus Silikon, hitzebeständig bis 260°C und spülmaschinengeeignet. Leicht zu reinigen. Lieferbar in mehreren Farben.

PRAKTISCHE SCHNEIDEBRETTER

Anti-rutschfeste Schneidebretter in verschiedenen Farben. Der beste Schutz für Ihre Messer.

MUFFINSFÖRMCHEN AUS SILIKON

Beim Teigeinfüllen halten sie „Stand". Beim Backen läuft nichts aus. Und dann in der Spülmaschine waschen und wieder benutzen.

DEKORATIVER HALTER FÜR MUFFINS

Eine sehr schöne Idee fürs Servieren von Muffins und Cupcakes. Wunderschön auf dem Tisch. Ein Muss für jeden Kindergeburtstag.

MINIMUFFINSFORM MIT DRÜCKER

Für kleineTartes, Muffins, Fingerfood und andere „kleine" Ideen. Rezepte finden Sie z. B. in unserem Buch „Neue Backideen".

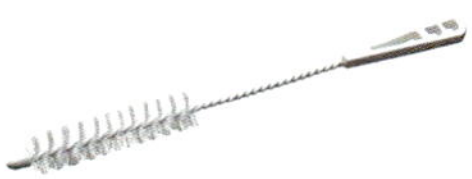

REINIGUNGSBÜRSTE FÜR TOPFMESSER

Eine kleine Bürste, genau passend unter die Mixtopfmesser.
Die Borsten haben genau die richtige Härte, um wirklich alles sauber zu reinigen.

DEKO-QUEEN

Ein Set zum Dekorieren von CupCakes, Kuchen und Desserts, mit großer Stern- und Lochtülle aus Edelstahl.

VERSCHIEDENE BACKFORMEN

Wir bieten eine Auswahl an verschiedenen Backformen mit langlebiger Beschichtung an.

Weitere Spezialangebote finden Sie auf unserer Homepage:

www.tm-kochbuch.de

oder

Hotline 07044 901170

keller

VERSAND- UND VERLAGSBUCHHANDLUNG